BIBLIOTHÈQUE D'ÉDUCATION NATIONALE

HISTOIRE D'UN FRANÇAIS

(SADI CARNOT)

4ᵉ Série

Sadi Carnot dans son cabinet de travail.

HISTOIRE

D'UN

FRANÇAIS

(SADI CARNOT)

PAR

MAURICE PICQUET

PRÉFACE DE M. BERTOL-GRAIVIL

Quarante-huit gravures et autographes.

PARIS

Librairie d'Éducation Nationale

ALCIDE PICARD ET KAAN, ÉDITEURS

11, RUE SOUFFLOT, 11

PRÉFACE

Je dois aux heureuses années passées dans l'ombre du tant regretté Président Carnot l'honneur de présenter cet ouvrage, rempli de si émouvants souvenirs.

Oui, c'est bien l'intègre Carnot que nous avons connu au Parlement, puis à l'Élysée ; c'est bien le Préfet énergique de la Défense nationale ; c'est bien cet homme dont la vie fut toute de labeur et d'honnêteté, qui se donna tout entier à son pays ; c'est bien ce grand citoyen que M. Picquet nous rend dans ces pages toutes vibrantes de patriotisme et de foi républicaine.

Ce qu'il n'a pu nous présenter, c'est le Président intime, l'homme de famille si affectueux avec les siens. Et, pourtant, cette existence-là, il faudra bien qu'un jour ou l'autre on la connaisse. Carnot a écrit, lors de son élévation à la plus haute magistrature de la République : « Tout ce que j'ai de force et de dévouement appartient à mon pays. » Mais tout ce qu'il avait d'amour ne cessa d'appartenir à sa chère compagne, tout ce qu'il avait d'affection fut toujours pour ses enfants qu'il adorait.

Quelle délicieuse vie de famille il mena à l'Élysée ! Je voudrais pouvoir en esquisser les grands traits.

Travaillant fort avant dans la nuit, le Président Carnot se levait assez tard. Il ne descendait jamais dans son cabinet de réception avant dix heures. Aussi, le vit-on quelquefois

arriver un peu en retard au conseil des ministres. Il s'en
excusait avec tant de bonne grâce, qu'un ministre lui dit un
jour ; — « Quel dommage, monsieur le Président, que vous
ne puissiez pas toujours être inexact... »

La matinée se passait soit au Conseil, soit en réceptions.
A midi, le Président montait à la salle à manger, où, sur un
petit carton, le brave Clerc avait écrit le menu. Menu très
simple, menu de famille. On déjeunait sans inviter qui que ce
fût ; on voulait pouvoir parler à cœur ouvert, se retrouver une
heure entre soi, bien ensemble...

Le déjeuner terminé, le Président jetait un coup d'œil rapide
sur les journaux que ses fidèles secrétaires, Silhol et Tranchau,
lui avaient préparés, mais le temps manquait pour qu'il pût
les lire posément ; aussi les déposait-il sur une table, dans la
salle de billard, et regagnait-il son cabinet du rez-de-chaussée.

S'il n'avait pas à recevoir de personnalités du monde officiel, il montait en voiture avec un officier d'ordonnance et se
faisait conduire le plus loin possible dans le bois de Boulogne.
Une fois là, échappant aux regards des curieux, il mettait
pied à terre et se promenait en bon bourgeois, causant de
choses et d'autres avec son compagnon.

Un jour, suivant une allée du bois, en face du lac de Saint-
James, il crut reconnaître, se promenant pédestrement au
soleil, le vieux maréchal Canrobert. Il le montra au colonel
Chamoin — aujourd'hui général. — C'était bien l'héroïque
soldat de Sébastopol.

Carnot traversa la chaussée qui le séparait du maréchal
et, le croisant, leva son chapeau. Canrobert, convaincu que,
dans le bois, personne ne le reconnaîtrait, ne fréquentant plus
le monde et se croyant oublié à jamais, regarda, surpris, la
personne qui le saluait.

— « Quoi ! Vous, monsieur le Président ! Je suis profondément touché... »

Et la conversation s'engagea entre Carnot et Canrobert. Ils
parlèrent d'autrefois, et le maréchal, désignant au Président

le colonel Chamoin qui l'accompagnait, lui dit : — « Vous avez Chamoin, monsieur le Président, mais je l'ai eu avant vous. »

Le plaisir du Président Carnot était en ces rencontres imprévues, dans lesquelles il se montrait toujours aussi simple, aussi bon.

Vers trois heures et demie, il rentrait à l'Élysée. Comme — ne faisant aucun exercice physique — la marche le fatiguait, il montait changer de vêtements. Mme Carnot veillait à ce que rien ne lui manquât, et, à quatre heures, le chef de l'État se retrouvait correct, ex officio, prêt à recevoir les personnes auxquelles il avait accordé des audiences particulières, les longues audiences. Ensuite, le Président signait les décrets, et, s'il n'avait pas de repas de gala ou de soirées officielles, il dînait en famille, comme il y avait déjeuné, avec Mme Carnot, ses deux fils Ernest et François, le lieutenant Sadi, lorsqu'il était à Paris, et quelquefois son gendre et sa fille, M. et Mme Cunisset-Carnot. Personne autre.

Le repas terminé, Carnot faisait, avec un de ses fils, une partie de billard, bien courte — quinze à vingt minutes — puis, resté seul avec Mme Carnot, il s'installait à une table pour lire. C'était l'heure où ces deux êtres, nés l'un pour l'autre, en parfaite communion d'idées, échangeaient leurs pensées. Assis en face l'un de l'autre, une grosse lampe éclairant la table, ils lisaient attentivement les journaux, ne rompant le silence que pour se communiquer une réflexion ou se signaler mutuellement un article.

Mme Carnot n'aimait pas veiller. Vers dix heures et demie, onze heures, elle regagnait ses appartements, donnant sur la rue de l'Élysée. Carnot l'accompagnait, et, dans un cabinet de travail voisin de la chambre de sa femme, il achevait sa lecture et écrivait jusqu'après minuit. Il travaillait ainsi près de sa compagne, heureux de sentir près de lui la dévouée créature qui fut son Égérie.

Jamais union ne fut plus parfaite, jamais deux êtres ne

vécurent mieux l'un pour l'autre. Mlle Cécile Dupont-White avait — en 1863 — épousé le jeune ingénieur Sadi Carnot. Elle avait vingt ans, lui vingt-six : ils s'appartinrent de cœur et d'esprit jusqu'à la mort.

Il faut relire le dernier discours que Carnot prononça à Lyon, une heure avant le crime de Caserio, pour faire comprendre à nos enfants — auxquels ce livre est destiné — à quel point cet homme de famille, d'intérieur, aimait son pays. Il faut sans cesse rappeler ces phrases patriotiques, les dernières qu'il a prononcées : « Dans notre chère France, il n'est plus « de partis : un seul cœur bat dans toutes les poitrines quand « l'honneur, quand la sécurité, quand les droits de la patrie « sont en cause.

« L'union de tous ses enfants ne saurait davantage lui faire « défaut pour assurer la marche incessante vers le progrès « et la justice, dont il lui appartient de donner l'exemple au « monde. »

Progrès et Justice ! Puissent ceux qui liront cet ouvrage, écrit à la mémoire d'un grand Français, s'en inspirer toujours, ne les oublier jamais.

BERTOL-GRAIVIL.

HISTOIRE D'UN FRANÇAIS

(SADI CARNOT)

*Tout ce que j'ai de force
Et de dévouement appartient
à mon pays..*
Carnot

(message du 12 Décembre 1887)

Sadi Carnot naquit à Limoges, le 11 août 1837, dans la petite rue Sainte-Valérie.

En fait foi le document suivant, qui figure sur les registres de l'état civil à la mairie de Limoges :

RÉPUBLIQUE FRANÇAISE — DÉPARTEMENT DE LA HAUTE-VIENNE

MAIRIE DE LIMOGES

Extrait du registre des naissances de l'année 1837, folio 823.

Aujourd'hui treize août mil huit cent trente-sept, à neuf heures du matin, par devant nous Jean Poucet des Nouailles, adjoint de M. le Maire de la ville de Limoges, faisant les fonctions d'officier de l'état civil, soussigné,

A comparu,

Monsieur Lazare-Hippolyte Carnot, propriétaire, âgé de trente-six ans, demeurant rue Neuve-Sainte-Valérie, division nord ;

Lequel nous a présenté un enfant du sexe masculin, né le onze courant, à six heures du soir, de lui comparant et de dame Jeanne-Marie-Grâce-Claire Dupont, son épouse, auquel enfant il a déclaré donner les prénoms de *Marie-François-Sadi* ;

Lesquelles présentation et déclaration faites en présence de Messieurs *Antoine-Joseph-Édouard Dupont*, officier de la marine, âgé de vingt-sept ans, demeurant boulevard de la Pyramide, et de *Gaucher-Joseph Descoutures*, conseiller à la cour royale de cette ville, âgé de cinquante ans, demeurant susdit boulevard ;

Lesquels, ainsi que le père, ont signé avec nous le présent acte, après lecture faite.

Ont signé au registre : H. Carnot, E. Dupont, Descoutures et Poucet père, adjoint.

Sadi Carnot mourut à Lyon à l'âge de cinquante-sept ans, le 24 juin 1894.

Il appartenait à une vieille famille bourgeoise, originaire de la petite ville de Nolay, en Bourgogne ; la famille des Carnot, honorablement connue depuis des siècles, constitue, avec quelques autres devenues, comme elle, fameuses depuis la Révolution, une sorte de noblesse républicaine.

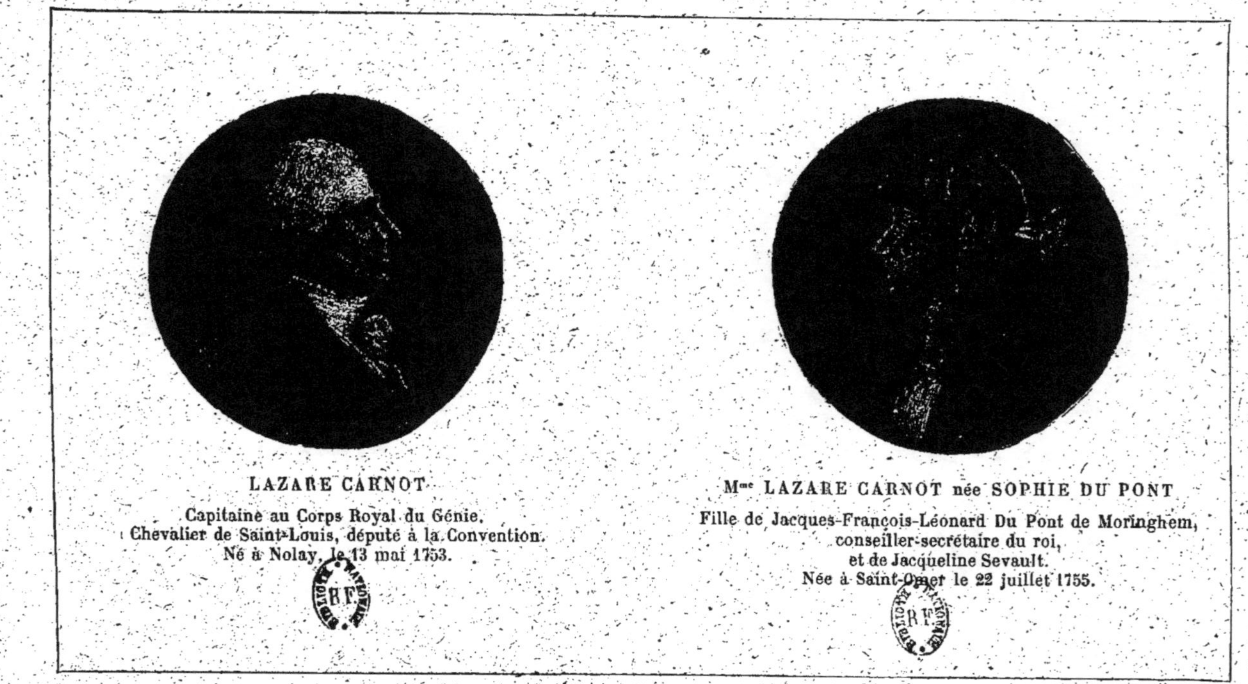

LAZARE CARNOT

Capitaine au Corps Royal du Génie,
Chevalier de Saint-Louis, député à la Convention.
Né à Nolay, le 13 mai 1753.

Mme LAZARE CARNOT née SOPHIE DU PONT

Fille de Jacques-François-Léonard Du Pont de Moringhem,
conseiller-secrétaire du roi,
et de Jacqueline Sevault.
Née à Saint-Omer le 22 juillet 1755.

LAZARE CARNOT

1753-1823

> « L'ami du peuple est celui qu'il faut chercher longtemps, pour l'obliger à remplir les fonctions publiques, qui s'en retire le plus tôt qu'il peut, plus pauvre qu'il n'y était entré, qui s'y dévoue par obligation, agit plus qu'il ne parle et retourne avec empressement, dans le sein de ses proches, reprendre l'exercice des vertus privées. »
>
> LAZARE CARNOT.

Le premier qui illustra ce nom à jamais glorieux fut *Lazare Carnot*, le Conventionnel, « *l'Organisateur de la victoire* », le Grand Carnot.

Il vint au monde sous Louis XV et montra, dès sa jeunesse, de remarquables aptitudes pour les sciences mathématiques. Après de bonnes études, commencées en Bourgogne et terminées à Paris, Lazare Carnot passa de brillants examens et fut nommé, à vingt ans, lieutenant en second dans l'arme du génie.

Citons, en passant, une jolie anecdocte sur son enfance, contée en 1837 à l'Académie des Sciences par François Arago :

« Carnot n'avait que dix ans lorsque sa mère, dans un voyage à Dijon, l'emmena avec elle et, pour le récompenser de la docilité réfléchie qu'il montrait en toute circonstance, le conduisit au spectacle. On donnait ce jour-là une pièce où des évolutions de troupes se succédaient sans relâche. L'écolier suivait avec une attention imperturbable la série d'événements qui se déroulaient devant lui. Soudain il se lève, il s'agite, et, malgré les efforts de sa mère pour lui imposer silence, il interpelle en termes à peine polis un personnage qui venait d'entrer en scène. Ce personnage était le général des troupes auxquelles le jeune Carnot s'intéressait.

« Par ses cris, l'enfant avertissait le général inhabile que l'artillerie était mal placée ; que les canonniers, tous à découvert, ne pouvaient pas manquer d'être tués par les premiers coups de fusil tirés du rempart de la forteresse assiégée ; qu'en établissant, au contraire, une batterie derrière certain rocher, qu'il désignait de la voix et du geste, les soldats seraient beaucoup moins exposés. Les acteurs, interdits, ne savaient que faire. Mme Carnot était désolée du désordre que son fils occasionnait.

« La salle riait aux éclats ; chacun cherchait dans sa tête l'explication d'une espièglerie si peu ordinaire. La prétendue espièglerie n'était autre chose que la révélation d'une haute intelligence militaire, le premier symptôme de cet esprit supérieur qui, dédaignant les routes battues, créait quelques années plus tard une nouvelle tactique, qui proposait de remplacer les fortifications si artistement, si ingénieusement combinées de Vauban par un tout autre système. »

Dès 1784, Lazare Carnot acquit une certaine réputation en publiant *Éloge de Vauban*.

Le prince Henri de Prusse alors en France, frappé des rares mérites de cette étude militaire, offrit à l'auteur de prendre du service dans les armées du Grand Frédéric.

Lazare Carnot déclina cette proposition, sans prévoir encore le vaste champ qui allait s'ouvrir, en France, à son activité et à son dévouement.

Quand la Révolution éclata, il en adopta les principes et apporta à l'Assemblée législative de 1791, où il représentait le département du Pas-de-Calais, les idées de J.-J. Rousseau dont il était l'admirateur enthousiaste et le disciple convaincu.

Maisons Carnot et Pothier à Nolay (Côte-d'Or). (D'après un dessin original de Sadi Carnot, communiqué par la famille.)

EXTRAIT DU REGISTRE DES MARIAGES
DE L'ANNÉE 1791

Le dix-sept de mai mil sept cent quatre-vingt-onze, après
la publication des trois bans du futur mariage, faites aux
messes paroissiales de la paroisse Saint-Denis en la ville de
Saint-Omer, comme il nous a été certifié par le certificat du
sieur Jean-Baptiste Rose, curé de la susdite paroisse de
Saint-Denis, entre le sieur Lazare-Nicolas-Margueritte CARNOT,
capitaine au corps roïal du génie, âgé de trente-huit ans,
fils majeur de sieur Claude Carnot et de feue dame Margue-
ritte Pothier, natif de la paroisse de Nolay en Bourgogne, dio-
cèse d'Autun, présentement habitant de celle de Saint-Denis
à Saint-Omer d'une part,

Et demoiselle Marie-Jacqueline-Sophie-Joseph Dupont,
âgée de vingt-six ans, fille du sieur Jacques-Antoine Léonard
et de dame Marie-Anne-Françoise-Joseph Sevoult, native de
la paroisse de Saint-Sépulcre présentement de celle de Saint-
Denis à Saint-Omer d'autre part,

Je soussigné, prêtre curé de cette paroisse, ai reçu en cette
église le mutuel consentement de mariage des susdites parties, et leur ai donné la bénédiction nuptiale, du consentement et avec la permission du sieur Rose, curé de la susdite
paroisse de Saint-Denis, donnée par écrit, qui m'est restée
entre les mains en date du seize de ce mois, était signée
J.-B. Rose, curé de Saint-Denis, qui atteste avoir fait les susdites publications de bans et qu'il ne s'est trouvé aucun em-
pêchement ni opposition, en présence dudit Jacques-Antoine-
Léonard Dupont, père de la contractante, de Sébastien-Sal-
luon Senneville, oncle de la contractante, de Claude-Marie
Carnot, *capitaine au corps roïal du génie*, frère du contrac-
tant, d'Albert-Louis-Valentin Taviel, officier au corps roïal
d'artillerie, ami des contractants, tous quatre témoins à ce
requis,

Et nous ont attesté ce que dessus, sur le domicile, l'âge,
la qualité et la liberté desdites parties ; et ont signé avec
l'époux et l'épouse, de ce par moi, curé soussigné, interpellé.

Ont signé :

L.-N.-M. CARNOT, M.-J.-S.-J. DUPONT, DUPONT,
SALLUON SENNEVILLE, C.-M. CARNOT, TAVIEL,
sgn. LAURENT, *curé de Salperwick* [1].

[1] Salperwick est un petit village situé à un kilomètre de Saint-Omer.

Le Grand Carnot était petit de taille.

Nous extrayons du *Journal de voyage d'une Provinciale à Paris en* 1793, cette curieuse citation :

« Danton nous a amené un petit homme en culottes courtes,

Lazare Carnot à Wattignies (octobre 1793).

coiffé à la Jean-Jacques Rousseau, avec un habit gris, qui a l'air d'un sous-chef du ministère.

« Il se nomme Carnot.

« C'est un travailleur obstiné qui passe sa vie à aller de la rue Saint-Florentin aux Tuileries, où il fouille les anciens cartons.

« Quand il va à l'armée, il ôte son habit gris pour prendre un habit de général : puis, la bataille gagnée, il reprend son habit gris et revient faire son plan.

« Je m'émerveille quand je pense que ce petit homme, qui a à peine cinq pieds deux pouces et qui ne boit que de l'eau, va aller, avec sa culotte courte et son habit gris, combattre le duc d'York, frère du roi d'Angleterre, qui a six pieds de haut et qui boit dix bouteilles de vin après son dîner !... »

LAZARE CARNOT

Membre de la Convention, Lazare Carnot fut envoyé en mission aux armées et déploya autant de bravoure que d'habileté. Nommé, à son retour, membre du Comité de Salut public, puis, inspecteur de l'armée du Nord, il battit les Autrichiens à Wattignies (octobre 1793) en marchant lui-même à la tête des troupes. De là il revint à Paris rédiger les plans de campagne de nos généraux, correspondre de sa main avec les chefs de nos quatorze armées et, comme on l'a dit, *organiser la victoire*. Le résultat d'une campagne de dix-sept mois, dirigée par Carnot, fut ainsi résumé par lui dans un rapport : 27 victoires, dont 8 en bataille rangée ; 120 combats, de moindre importance ; 80 000 ennemis tués ; 91 000 prisonniers ; 116 places fortes prises, dont 36 après siège et blocus ; 230 forts ou redoutes enlevés ; 3 800 bouches à feu, 70 000 fusils, 1 900 milliers de poudre ; 90 drapeaux pris à l'ennemi.

Sous l'Empire, il vécut à l'écart occupé de travaux scientifiques et du perfectionnement de l'École polytechnique. En 1814, quand il vit la France menacée, il se mit à la disposition de l'Empereur et fut nommé gouverneur d'Anvers qu'il défendit héroïquement et ne rendit qu'après la paix. Napoléon, au retour de l'île d'Elbe, le nomma ministre de l'intérieur. Après Waterloo il fut membre du gouvernement provisoire et la seconde restauration le proscrivit.

En 1818, une Muse française fit insérer, dans le *Vrai Libéral*, les vers suivants en son honneur :

Quel est celui dont la patrie,
Avec orgueil redit le nom ?
Qui de Vauban a le génie,
Et l'âme fière de Caton ;
Qui pur, comme la vertu même,
Monta jusques au rang suprême,
Et pur, comme elle, en descendit ?
C'est un proscrit, c'est un proscrit.

Réfugié d'abord à Varsovie, le Grand Carnot vint ensuite se fixer à Magdebourg où il mourut entouré de l'estime générale, le 2 août 1823, à l'âge de 70 ans.

HIPPOLYTE CARNOT

1801-1888

> « Si la patrie réclame de vous, comme
> elle a réclamé de votre aïeul des ser-
> vices austères et périlleux, ouvrez
> l'oreille à son appel ; quittez le cabinet
> d'étude ou l'atelier, le laboratoire ou
> l'usine, pour la défense du sol national
> ou pour celle de la liberté. »
>
> HIPPOLYTE CARNOT à ses fils.

Hippolyte Carnot, né le 6 avril 1801, à Saint-Omer, était le dernier fils de Lazare Carnot. Il fit ses premières études à Paris et suivit son père en exil. Il voyagea avec lui en Belgique, en Bavière, en Pologne. Il séjourna sept années à Magdebourg et puisa dans les leçons paternelles les plus nobles sentiments d'indépendance, et les principes d'un républicanisme austère qui furent pour lui un patrimoine de famille, en même temps qu'une conviction sincère.

A la mort de son père il revint en France et devint à Paris l'un des plus brillants élèves de l'École de droit. Comme la jeunesse d'alors, il prit part aux luttes du libéralisme contre l'ultra-royalisme, tout en se livrant à des études d'histoire, de philosophie et d'économie politique, et embrassa avec ardeur les doctrines saint-simoniennes. Mais, quand l'école abandonna son caractère purement philosophique pour se constituer en secte religieuse, Hippolyte Carnot se sépara publiquement de ses amis.

Son rôle politique ne date guère que de l'année 1839, époque à laquelle il fut nommé député de la Seine. En 1842 et en 1846 ses électeurs lui renouvelèrent son mandat. En

1847, il publiait une brochure *les Radicaux et la Charte*, véritable manifeste, qui précéda la fameuse campagne des banquets entreprise dans l'intérêt de la réforme électorale, et qui devait aboutir à la révolution de Février. Quelques

Hippolyte Carnot en 1848.

jours après, Hippolyte Carnot était appelé par le gouvernement provisoire à prendre la direction du ministère de l'instruction publique. Dans les circulaires qu'il adressa alors aux instituteurs primaires il s'efforça de leur inspirer le sentiment de la haute mission sociale qu'ils sont appelés à remplir au milieu des populations rurales. Il donna aux salles d'asile le nom d' « Écoles maternelles », institua des lectures du soir pour les ouvriers ; enfin proposa une loi complémentaire sur l'instruction primaire, fondée à la fois sur les principes de la liberté d'enseignement, de l'instruction obligatoire et de la gratuité.

Obligatoire, a dit Hippolyte Carnot, parce qu'aucun citoyen ne saurait être dispensé, sans dommage pour l'intérêt public, d'une culture intellectuelle reconnue nécessaire au bon exercice de sa participation personnelle à la souveraineté. Dans un pays où le suffrage universel est proclamé, l'instruction devient un devoir civique. La liberté de l'enseignement n'est point la liberté de l'ignorance.

Gratuite, par cela même que nous la rendons obligatoire, et parce que sur les bancs des écoles de la République il ne doit pas exister de distinction entre les enfants des riches et ceux des pauvres.

La rapidité des événements vint arrêter la réalisation de son vaste programme, et la révolution de Juin le contraignit à donner sa démission.

Aux élections législatives de 1869, malgré sa réputation de loyauté politique, il échoua avec 11 694 voix contre 21 744 données à Gambetta, dont la plaidoirie dans le procès Baudin venait de commencer la popularité. Gambetta ayant opté pour Marseille, les amis politiques d'Hippolyte Carnot reportèrent comme candidat l'ancien ministre de 1848. Les démocrates avancés lui opposèrent Henri Rochefort, et Hippolyte Carnot échoua à nouveau dans la première circonscription de Paris.

Rentré dans la vie privée, il fut après la chute de l'Empire nommé maire du VIIIe arrondissement par le gouvernement de la Défense nationale. Un vote populaire le maintint dans ses fonctions, aux élections municipales (5 novembre 1870).

Après la capitulation de Paris, il déclina la candidature qui lui était offerte par le comité libéral du département de la Seine; mais il fut nommé membre de l'Assemblée nationale par les électeurs de Seine-et-Oise.

Hippolyte Carnot mourut à Paris, le 16 mars 1888.

On ne pourrait, sans blesser la modestie du ministre de l'instruction publique de 1848, mettre sa personnalité, si

Léon Gambetta en 1869.

éminente qu'elle soit, en parallèle avec celle de son père ; mais on peut faire remarquer que, dans une sphère plus humble, Hippolyte Carnot a été, lui aussi, l'organisateur d'une victoire qui sera l'honneur de ce siècle :

La victoire de l'instruction sur l'ignorance.

SADI CARNOT

1837-1894

Ici nous arrivons à celui qui fait l'objet principal de cette étude, à l'homme intègre, au patriote, au politique sage et modéré qui a dignement continué la « dynastie des Carnot ». S'il ne fut pas un de ces héros tapageurs qui inscrivent, à grands coups d'épée, leur nom dans les fastes de l'histoire, il mérite néanmoins d'être placé à côté des plus glorieux serviteurs de la patrie. Il a conduit sa vie avec intelligence et probité, avec un travail constant, un effort continu et progressif vers le mieux jusqu'à représenter noblement la France dans la suprême magistrature. Chacun des chapitres de sa biographie est comme le développement et pourrait porter le nom d'une vertu privée ou d'une vertu publique. Aussi nous attacherons-nous surtout à faire ressortir ces grands exemples et, sans pénétrer dans le détail des luttes et des accidents de la politique, nous présenterons à nos jeunes lecteurs le côté moral de la vie de Sadi Carnot. Chacun de ces chapitres sera comme une fleur détachée d'un bouquet d'immortelles, que nous réunirons, à la fin, pour en orner la tombe de notre regretté Président.

CHAPITRE PREMIER

LA JEUNESSE DE CARNOT

Amour du travail. — Au collège. — Chez le menuisier Delage. — A l'École
Polytechnique. — A l'École des Ponts et Chaussées.

AMOUR DU TRAVAIL

Hippolyte Carnot avait épousé en 1836 Mlle Jeanne
Dupont, fille du général Dupont. Le futur ministre de
l'instruction publique de 1848 appliqua d'abord à ses
propres enfants le programme d'éducation qu'il devait
s'efforcer plus tard d'étendre à tous les enfants du peuple.
Il fut le premier maître de ses fils, comme l'avait été pour
lui le Grand Carnot. Ce fut seulement lorsque Sadi, l'aîné
des deux jeunes gens, eut atteint sa douzième année que la
famille quitta le Limousin et vint se fixer à Paris.

AU COLLÈGE

Leur première habitation fut dans la rue Tronchet et
Sadi Carnot suivit les cours du lycée Bonaparte, ancien
collège Bourbon, de nos jours lycée Condorcet. Le jeune
lycéen fit dans cet établissement d'excellentes études et
remporta même de véritables succès scolaires (trois premiers prix aux concours généraux de 1853-1854-1855).

Les vacances de Sadi se passaient tantôt à Chabanais
au château de Savignac, près Confolens (Charente); tantôt
dans la bonne vieille cité de Nolay, aux environs de Beaune

(Côte-d'Or), parmi les souvenirs de famille et les antiques traditions.

Ces quelques jours de liberté n'étaient pas sans profit pour les fils Carnot.

Hippolyte Carnot qui, jeune encore, avait dû vivre en exil aux côtés de son père proscrit, avait pu apprécier combien est dure et difficile, loin de la mère patrie, l'existence de ceux qui n'ont pour vivre que diplômes et parchemins.

M. Delage, professeur de menuiserie de Sadi Carnot.

Il fit apprendre le dessin à ses fils. Si bien que, lorsqu'ils furent des hommes, l'un et l'autre, sans aucune prétention, devinrent, dans leur genre, des artistes d'un réel talent. Pour compléter cette habileté manuelle et les mettre à même, quoi qu'il arrivât, de rester indépendants, il leur fit apprendre l'état de menuisier. C'est en se jouant et presque sans s'en douter que les deux frères firent leur apprentissage.

Tout n'alla pas d'abord sans quelques déboires. Sadi se coupait les doigts, Adolphe attrapait des durillons à manier rabot et varlope. Mais, peu à peu, les apprentis devinrent plus adroits et, si chaque année ils quittaient Chabanais avec les mains quelque peu calleuses, ils avaient le temps de les amollir, pendant l'année scolaire, à feuilleter le *Gradus ad Parnassum* ou à cultiver le *Jardin des racines grecques*.

Hippolyte Carnot agissait en père prévoyant et sage et,

si ses fils n'eurent pas à se servir plus tard de leurs talents
en menuiserie, ils en gardèrent au moins une grande habileté à se servir de leurs dix doigts. Sadi, paraît-il, était
plus adroit que son frère, et conserva le goût de l'ébéniste-
rie. Sans compter mille bibelots d'étagère, ce fut lui qui
menuisa pour le compte de ses enfants des jouets de toute
sorte, armoires minuscules, petits lits, fortins et redoutes,
guignols et marionnettes de bois et de carton.

CHEZ LE MENUISIER DELAGE

Il y avait à Chabanais un brave menuisier, nommé
Delage, à qui l'on confia cet enseignement technique à
donner aux jeunes lycéens. Sadi prit goût à son nouveau
métier et devint même excellent ouvrier. Un jour que
Mᵐᵉ Hippolyte Carnot demandait au vieux patron, très fier
de ses élèves, si ses deux fils pourraient un jour tirer profit
de ce qu'ils savaient : « Je crois bien, Madame, répondit-
il ; dès aujourd'hui ils pourraient au moins gagner leurs
deux francs cinquante par jour. »

A POLYTECHNIQUE. — AUX PONTS ET CHAUSSÉES

Au sortir du lycée, Sadi Carnot passa avec succès les
examens d'admission à l'École Polytechnique où il obtint
le cinquième rang dans une promotion de 120 élèves. Il
avait alors vingt ans. Une maladie grave, la fièvre typhoïde,
suite d'un excès de travail, l'obligea à redoubler sa première
année d'études. Il passa en première division avec le
numéro 9 et fut classé le septième aux examens de sortie.

Un de ses camarades de *Polytechnique*, devenu un poète
exquis et un des plus gais chroniqueurs de ce temps,
M. Armand Silvestre, a conté en ces termes charmants
leurs souvenirs de jeunesse :

« Dans la grande cour quadrangulaire plantée de pla-
tanes où nous descendions aussitôt le repas de deux heures

terminé, les promeneurs se formaient en groupes, ceux-ci
bourrant voluptueusement leur pipe, ceux-là achevant,
dans leur bonnet de police ouvert en cornet, une débauche
de pommes de terre frites. Les salles de récréations, qui

M. Armand Silvestre
en polytechnicien.

fermaient de leur bâtisse insipide ce
large espace, s'emplissaient de joueurs
de billard et d'échecs qui bientôt, pour
ceux qui entraient brusquement, ap-
paraissaient comme des êtres fantas-
tiques dans un nuage épais de fumée
bleue. A droite, la bibliothèque, qui
avait l'aspect austère d'une chapelle
protestante, recevait les studieux, ceux
à qui ne suffisait pas la longueur des
études, et aussi les endiablés de musique qui y avaient installé une façon
de Conservatoire d'où sortait une ru-
meur extraordinaire de voix humaines,
d'accords de pianos et de gémisse-
ments de violoncelles. C'était, au demeurant, comme décor,
un lieu qui n'était pas d'une gaieté extraordinaire. Mais ses
hôtes portaient en eux ce beau foyer joyeux qui est la flamme
de la jeunesse. J'ai vécu là deux ans, dans le seul monde
vraiment honnête, dans le grand sens du mot, que j'aie
connu, parmi des compagnons pleins de loyauté et d'enthousiasme; dans la sainte fièvre des travaux désintéressés et
des espérances permises; dans un grand courant de fraternité sincère, et je n'ai plus jamais retrouvé, dans la vie,
rien qui valût cela.

« Ah! c'était un bon temps que celui-là! Nous vivions
les uns auprès des autres dans une communauté parfaite
d'aspirations et de patriotisme, chacun de nous caressant
cependant déjà en secret sa chimère, jaloux de l'estime
de tous, rivaux sans amertume, et quand je revois, après
longtemps déjà, mes anciens camarades de l'École Poly-

SADI CARNOT   ADOLPHE CARNOT

technique, je sens les anciennes cordialités me mettre un chaud frisson dans la main que je tends vers eux. A celui-ci, à celui-là, j'avais prévu telle ou telle destinée.

« Mais jamais je n'avais imaginé que le futur chef du gouvernement de la France fût parmi eux.

« A la barbe près, cette barbe noire de prince assyrien, Sadi Carnot est certainement celui d'entre nous qui a peut-être le moins changé. Il avait la même tournure un peu raide à laquelle aucun embonpoint n'est venu, le même regard doux et franc, la même froideur apparente dont ses amis n'ont jamais été dupes.

« Nous n'appartenions pas à la même salle et nous n'étions rapprochés que par une certaine parenté d'idées politiques. Avec Duportal, Lucien Marie, fils de l'ancien membre du gouvernement provisoire, Carette, aujourd'hui colonel du génie, et Philippe, nous constituions le noyau républicain avancé. L'École n'a jamais été impérialiste, — et l'a prouvé en toute occasion, — mais on était dans un temps de grande gloire militaire, en pleine campagne d'Italie, et comment de futurs officiers n'auraient-ils pas pardonné beaucoup à un régime qui semblait tenir si fort en honneur le drapeau ? Carnot était certainement le plus ferme, mais aussi le plus réservé de ce club.

« Ses compagnons de salle le comparaient volontiers à une jeune fille. Il en avait la modestie sans être le moins du monde bégueule. Il était aussi parfaitement dénué d'ambition qu'on le peut être, et je suis certain qu'il est encore le même aujourd'hui.

« Entré dans les premiers, il se maintenait à son rang et était certainement un des plus laborieux de sa promotion. Une maladie causée par la fatigue le força à renouveler une année et de retrouver, dans la promotion de ses conscrits, son frère qui, lui aussi, en tenait la tête. Tous deux portaient un grand nom avec une simplicité parfaite et n'avaient autour d'eux que des amis.

« Le second est resté fidèle à sa carrière d'ingénieur et les circonstances seules, qui ont fait appel à son patriotisme, ont arraché l'aîné à des études auxquelles il semblait, par goût, devoir consacrer toute sa vie.

« Si son arrivée à la première magistrature du pays me semble une gloire pour notre commun berceau, pour notre chère École, c'est que, mieux que personne, il en personnifiait, élève, l'esprit d'égalité, de justice, d'estime réciproque, de travail obstiné, de foi dans les destinées du pays, de progrès et d'amour de la lumière. Il y apportait, par nature, toutes les qualités qui s'y développent ; mais aussi, y a-t-il trouvé le fort enseignement qui devait le faire homme, l'entourage de sympathies qui lui devait donner courage, l'affermissement de toutes ses virilités. »

Sadi Carnot se distingua encore davantage à l'École des Ponts et Chaussées où il conquit la première place et où il fut proclamé, au bout de trois années d'études réglementaires, le *Major* de sa promotion.

De semblables notes devenaient pour le jeune ingénieur la meilleure des recommandations. Il fut, dès sa sortie de l'École, nommé secrétaire adjoint du Conseil supérieur des ponts et chaussées à Paris. Ce fut à cette époque qu'il épousa Mlle Dupont-White, fille de l'illustre économiste, secrétaire général au ministère de la justice, sous la seconde République, et vieil ami de son père.

CHAPITRE II

COMPÉTENCE PROFESSIONNELLE

Services rendus comme ingénieur.

Son stage d'une année terminé, il eut le choix entre les postes vacants d'ingénieurs ordinaires. Il opta pour celui d'Annecy (Haute-Savoie), qui s'offrait à lui comme le plus intéressant et le plus varié des services. Récemment annexée à la France, la Savoie était encore dépourvue de grands travaux publics. Un vaste programme de construction de routes, de chemins de fer, de ponts, de distribution d'eaux, de desséchements était encore à tracer et à entreprendre. Un ingénieur d'avenir pouvait trouver là une véritable célébrité, en consacrant tout son savoir et son intelligence à l'embellissement et à la transformation d'un pays absolument neuf.

Sadi Carnot fit beaucoup, si l'on songe à la modicité des crédits qui lui étaient alloués. Ce serait entrer dans de trop longs détails que d'énumérer tous les travaux qu'il a ordonnés ou dirigés. Parmi les plus intéressants on peut cependant citer :

La jolie route qui borde le val de Fier, en corniche et en tunnel, pour rejoindre le Rhône à Seyssel ;

Celle qui s'élève en pentes douces, le long du lac d'Annecy, pour aller rejoindre la haute vallée du Fier, en passant par Menthon ;

Celle qui franchit la profonde vallée des Usses sur le gigantesque pont suspendu de Lacaille ;

Enfin, la route qui relie Seyssel à Frangy, et sur laquelle il dut construire, pour franchir un torrent à fond mobile, un pont de bois très intéressant par lui-même, mais peut-être plus encore par la polémique que sa construction provoqua parmi les ingénieurs. La plupart prétendaient qu'il fallait opposer des ponts de fer aux torrents, ponts dont l'établissement était fort coûteux, et que le mouvement des eaux finissait, quand même, par détériorer. Sadi Carnot édifia un pont de construction légère, infiniment moins coûteux et néanmoins d'une solidité à toute épreuve.

Ce fut encore lui qui établit la route passant sous le fort de l'Écluse pour relier l'arrondissement de Saint-Julien au département de l'Ain, route sur laquelle on remarque différents travaux d'art édifiés avec élégance et conçus dans un grand esprit d'économie ; entre autres, le pont de Collonges qui franchit le Rhône par une seule arche en plein cintre de quarante mètres d'ouverture. Pour exécuter rapidement ce travail, point capital quand il s'agit de lutter avec un fleuve dont le niveau est aussi mobile que celui du Rhône, Sadi Carnot imagina un système qui permit de gagner du temps et d'économiser la main-d'œuvre. Ce système, approuvé par le Conseil supérieur des ponts et chaussées, fit le plus grand honneur à son inventeur et lui valut, en 1878, les plus hautes récompenses à l'Exposition universelle.

Sadi Carnot, toujours à la recherche d'idées nouvelles et de nouvelles applications, entreprit pendant son séjour en Savoie de régler le niveau du lac d'Annecy et d'utiliser ses eaux pour alimenter les usines et faciliter le balayage des canaux de la ville. A la suite de longues et minutieuses études hydrologiques sur le bassin du lac, il fit approuver ses plans par les hautes autorités des ponts et chaussées. Malheureusement son projet ne fut que très partiellement réalisé, et alors qu'il n'était plus là pour en surveiller ou ordonner l'exécution.

Les études et les entreprises de chemins de fer tiennent aussi une grande place dans l'œuvre de Sadi Carnot en Savoie. La ligne de chemin de fer d'Aix-les-Bains à Annecy, qui traverse quatorze fois le torrent du Fier, fut achevée sous son contrôle par la compagnie Paris-Lyon-Méditerranée.

C'est à lui enfin que sont dues toutes les études de la ligne d'Annecy à Annemasse, passant par la Roche et dont une section est empruntée par la ligne du Mont-Blanc.

La Savoie, d'ailleurs, n'a pas oublié le jeune ingénieur qui lui rendit de si éminents services. Son souvenir resta dans tous les cœurs, et elle le perpétua dans une cérémonie touchante.

Le 25 juillet 1897, au milieu d'une foule émue et respectueuse, M. Loubet, président du Sénat, inaugurait un monument érigé à la mémoire du président Carnot, et voici comment M. Boch, maire d'Annecy, traduisait les sentiments de ses concitoyens envers l'ingénieur d'autrefois :

« Si, partout, Carnot avait inspiré un sentiment de haute estime par la noblesse de son caractère et la grandeur des services rendus à la Patrie, il avait, à Annecy, conquis tous les cœurs par sa bonté et sa bienveillance, alors qu'au début de sa carrière il passait au milieu de nous la période, non la plus brillante, mais peut-être la plus heureuse de sa vie.

« Ici, en effet, s'écoulèrent la paix et la tranquillité des premières années de son union avec cette noble épouse, cette mère de famille modèle, qui devait plus tard briller au rang suprême, surtout par la bienfaisance et cette charité bien entendue qui fut toujours sa principale préoccupation.

« *Cette préoccupation persista, même après le grand malheur qui la frappait, lorsque, répondant au désir de la nation de manifester, par des dons, sa douleur et ses* regrets, elle voulut que le nom de Carnot fût attaché à une institution de bienfaisance en faveur des veuves et des orphelins.

Monument élevé à la mémoire de Sadi Carnot par la ville d'Annecy.

« De ces qualités de cœur, qui plus tard s'imposèrent à l'attention de tous, nous fûmes les premiers à connaître toute la valeur.

« Ici le cadre était plus étroit et la reconnaissance

publique pouvait mieux se manifester ; aussi, le jeune ingénieur et son épouse ne comptèrent bientôt dans les populations que des obligés et des amis, applaudissant à chaque échelon gravi, heureux de voir celui qui fut leur concitoyen s'élever jusqu'à la première magistrature de la République par le seul ascendant de son impeccable honnêteté, sa haute intelligence et sa droiture.

« Cette droiture, pour laquelle Carnot professait un véritable culte, fut un des motifs pour lesquels il s'attacha aux populations de notre pays ; il retrouvait en effet, chez nous, cette qualité qu'il prisait si fort ; elle est la marque distinctive du caractère savoyard. »

Puis un chœur chanta l'hymne suivant, nouveau témoignage de l'admiration profonde que cet homme inspirait partout sur son passage :

A CARNOT

CHŒUR A QUATRE VOIX D'HOMMES
Avec accompagnement d'harmonie ou fanfare.
Paroles de C. Granier. Musique de J. Ritz.

Exécuté à la cérémonie d'inauguration
**Par la Société chorale, l'Harmonie chorale
et la Fanfare municipale d'Annecy.**
Sous la direction de l'auteur.

Gloire à toi ! gloire à toi ! dans la cité fidèle,
Revis, ô mort tombé pour la France immortelle !
Sous notre large ciel où s'épand l'air natal,
Qu'elle se dresse haute et pure, ton image,
    Et que les aubes, d'âge en âge,
En fassent resplendir le triomphant métal.
Tu fus bon : tu jetas, doux semeur, par le monde
La semence de paix, glorieuse et féconde,
Et ton rêve était grand, et ton travail fut beau ;
De ton œuvre naquit, vibrante, l'espérance,
    Une nouvelle et jeune France,
Celle dont tu gardas, intact, le fier drapeau.

O deuil soudain ! jour sombre ! aveugle destinée !
Hier, un vent passa de folie obstinée
Qui te coucha, sanglant, sur le sol rouge encore ;
Et tu t'es abattu, sans plainte ni colère,
    Rameau d'un arbre séculaire,
Vivace et droit, pareil au chêne aux rameaux d'or
Mais, par-dessus ta tombe où veille la Patrie,
Plane ton âme pure et de vertus nourrie,
O soldat du devoir et de la liberté !
Avec ton nom, Carnot, elle revit, sereine,
    Belle de gloire souveraine,
Dans le rayonnement de l'immortalité !

CHAPITRE III

DÉVOUEMENT PATRIOTIQUE

La Défense nationale. — Exemple d'activité.

Jusqu'à présent, nous avons vu se développer le jeune Carnot; nous avons été témoins de ses travaux comme collégien, comme polytechnicien, comme ingénieur. Nous avons vu les victoires qu'avec l'art il a remportées sur la nature. Mais s'il avait montré à son pays tous les services qu'il pouvait lui rendre durant la période de paix, il lui restait à faire la preuve de tout ce qu'il y avait en lui de dévouement à la patrie et d'infatigable activité. Suivons-le durant cette période sombre de notre histoire.

Quand éclata la guerre, le jeune ingénieur voulut apporter son concours direct à l'œuvre de la Défense nationale. Autorisé par ses chefs, il se rendit à Tours et se mit à la disposition du gouvernement. Il appela l'attention de Gambetta sur un modèle nouveau de mitrailleuse qu'il avait inventé. Gambetta, qui se connaissait mieux en hommes qu'en machines de guerre, distingua en Carnot une âme dévouée et énergique telle qu'il en fallait dans la terrible crise, au service de la Patrie. Il le présenta à M. de Freycinet, qui dirigeait alors l'administration de la guerre et qui se l'attacha comme collaborateur.

Tout était à faire dans les bureaux de la guerre. Il fallait tout improviser; on n'avait même pas de cartes géographiques. La fameuse carte d'état-major, pour laquelle on avait chaque année voté des sommes considérables, n'avait pas été rectifiée depuis 1852.

Un bureau supérieur d'études topographiques fut créé et Sadi Carnot se trouva au nombre des ingénieurs choisis pour en faire partie. Ces hommes courageux s'occupèrent, en même temps que de la reconstitution de la carte, du service des reconnaissances. Ils furent même assez heureux pour donner parfois aux chefs de corps d'utiles renseigne-

M. de Freycinet.

ments sur les positions de l'ennemi. Renseignements fournis par des gens de bonne volonté qui, au péril de leur vie, parcouraient le pays en tous sens et formaient sur le territoire comme un réseau d'observateurs zélés et sûrs.

De Tours le service topographique fut transporté à Bordeaux avec le gouvernement de la Défense nationale. Sadi Carnot resta attaché à ce service jusqu'au 13 janvier 1871.

A cette date il reçut une mission plus importante. Gambetta le nomma préfet de la Seine-Inférieure et commissaire extraordinaire de la République dans l'Eure et le Calvados,

avec mission d'organiser les forces de la Défense nationale
dans ces trois départements.

Il avait à cette époque trente-trois ans.

Dans la région du nord-ouest, la situation était particu-

Sadi Carnot en 1870.

lièrement grave. Les Prussiens occupaient Rouen et mena-
çaient Dieppe. Le sous-préfet du Havre manquait d'esprit de
décision. Il ne cessait de s'élever contre les ordres de la
Délégation, inexécutables, disait-il. Gambetta, ministre de
la guerre, était obligé de lui télégraphier ceci :

« Vos hésitations nuisent extrêmement à la conduite des opérations militaires ; pénétrez-vous de cette idée et changez. »

Puis, comme le sous-préfet se plaignait encore, Gambetta pour remédier à cette situation, activer l'organisation de nos forces, établir l'unité et l'autorité dans la défense, lui envoya la dépêche suivante :

Bordeaux, 13 janvier 1871, 6 h. 50 soir.

*Intérieur et Guerre à sous-Préfet et secrétaire général
de Seine-Inférieure, le Havre,*

Il importe d'aviser, me disiez-vous dans une précédente dépêche. C'est ce que j'ai fait en désignant M. Carnot comme préfet de la Seine-Inférieure et Commissaire extraordinaire de la République dans la Seine-Inférieure, l'Eure et le Calvados.

M. Carnot a pour mission d'organiser les forces de la Défense nationale dans les trois départements. Il est à la hauteur du rôle important que je lui ai assigné, et j'espère qu'il triomphera des difficultés.

M. Carnot a quitté Bordeaux hier soir pour se rendre directement au Havre.

Léon GAMBETTA.

Sadi Carnot, que Gambetta avait jugé à la hauteur du rôle important qu'il lui assignait, confirma en tous points les vues du grand Patriote.

Le 16 il se rendait à son poste par mer en traversant le Calvados, la ligne du Havre étant coupée. Aussitôt débarqué, il télégraphiait au ministre :

Le Havre, 16 janvier 1871, 9 h. 12 soir.

Commissaire Défense à Intérieur, Bordeaux.

Je suis arrivé au Havre ce soir à cinq heures. J'ai vu le général Loysel, le sous-préfet Ramel, le secrétaire général Leplieux. Je suis à l'œuvre.

CARNOT.

On est surpris de l'activité vraiment prodigieuse que déploya Carnot dans ces circonstances si difficiles. Les résultats qu'il obtint dans une courte période de quinze jours à peine font regretter plus vivement encore que ce noble effort ait été brusquement interrompu et qu'il n'ait

ARRÊTÉ DE GAMBETTA

NOMMANT SADI CARNOT COMMISSAIRE DU GOUVERNEMENT
DE LA RÉPUBLIQUE DANS LES DÉPARTEMENTS DE LA SEINE-INFÉRIEURE
DE L'ORNE ET DU CALVADOS

République Française.

Liberté, Egalité, Fraternité

Gouvernement de la Défense Nationale

Le Membre du Gouvernement de la Défense Nationale, Ministre de l'Intérieur et de la guerre

En vertu des pouvoirs à lui délégués par le Gouvernement, par décret à Paris du 1er Octobre 1870.

Arrête :

M. Sadi Carnot est nommé préfet de la Seine Inférieure et commissaire du gouvernement de la République pour l'organisation des forces de la défense nationale dans les départements de la Seine Inférieure, de l'Orne et du Calvados.

Fait à Bordeaux le 10 Janvier 1871

Le ministre de l'intérieur et de la guerre

Gambetta

pas eu le temps nécessaire pour mener à bonne fin la tâche entreprise avec tant d'ardeur, de courage et d'abnégation. Quand le nouveau préfet arriva au Havre, un corps d'armée était déjà en formation sous les ordres du général Loysel ; une trentaine de mille hommes tenaient la campagne entre Rouen, tombé au pouvoir de l'ennemi, et le Havre encore libre. Deux mille hommes seulement apparte-

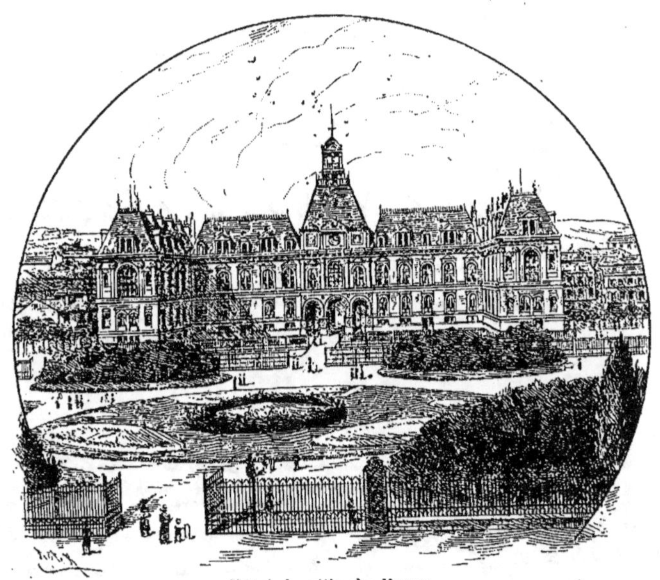

Hôtel de ville du Havre.

naient à l'armée active : le reste était composé de mobiles, de mobilisés et de volontaires. Absence complète d'état-major, des services administratifs mal organisés et insuffisants ; pas de réserve, pas de cavalerie, pas d'artillerie, et, au total, trois mille chassepôts. Tel était le bilan des ressources dont pouvait disposer Sadi Carnot.

Il fit aussitôt appel au patriotisme et au dévouement des populations urbaines et rurales, à l'énergie des municipalités. Il fit afficher une proclamation où en quelques mots d'une ferme concision il conviait les habitants de la Seine-Inférieure, de l'Eure et du Calvados à travailler en commun au salut de la Patrie : « *L'union de tous les efforts et le concours de toutes les énergies, y disait-il, assureront le succès de la sainte cause que nous avons à défendre.* »

Sadi Carnot se mit à l'œuvre sur-le-champ. Par une série de mesures aussi promptes qu'efficaces, il se hâta de pourvoir à l'équipement des troupes fraîchement levées et d'activer tous les services administratifs ; de requérir tous les propriétaires de l'arrondissement d'amener leurs chevaux sur le champ de foire du Havre, où l'intendance devait choisir ceux nécessaires au service.

Il réquisitionna également les chariots et les voitures pour organiser un corps du train auxiliaire et mit à profit les grands ateliers pour augmenter l'armement et placer la ville en état de défense.

Sous son impulsion les travaux furent rapidement menés. Trouvant dans ses connaissances techniques les ressources nécessaires pour cette tâche difficile, il établit un tracé de fortifications qu'approuvèrent des hommes compétents, tracé resté utile à consulter et très réalisable pour l'avenir.

Mais Sadi Carnot ne se contenta point d'organiser matériellement les forces de la résistance. Il leur donna une âme. Il communiqua son ardeur patriotique à ses nouveaux collaborateurs et éleva le moral de ses concitoyens à la hauteur des terribles circonstances où la France se débattait.

Le 19 janvier, on le vit assister en tête de la population havraise aux obsèques d'un conseiller municipal du Havre, modeste ouvrier, lieutenant de francs-tireurs, tué au combat de Saint-Romain et il sut trouver d'éloquentes paroles qui remuèrent profondément tous les cœurs.

S'il honora le courage des plus humbles, il n'hésita point à frapper ceux qui avaient faibli. Il révoqua le maire d'Yébleron que la peur avait rendu trop complaisant pour les Allemands et plus tard un des employés supérieurs de la préfecture de Rouen, qui avait cru devoir rester à leur disposition pour leur faciliter l'administration du territoire envahi.

CHAPITRE IV

INDOMPTABLE ÉNERGIE

DANS LE PATRIOTISME

A la fin de janvier 1871, il semblait encore que la lutte pût se poursuivre avec quelques chances de succès. Mais, dans la fièvre de ce travail acharné et de ces préparatifs poursuivis avec tant de précipitation et de féconde énergie, un bruit vint tout à coup ruiner ces espérances déjà ranimées. La nouvelle que Paris avait capitulé et qu'un armistice était signé fut apportée au Havre par les journaux anglais. L'état-major prussien en avisa officiellement Sadi Carnot, qui, se méfiant des nouvelles venues de l'en nemi, refusa d'en croire les Prussiens sur parole, et télégraphia à Gambetta :

Le Havre, 30 janvier 1871, 5 h. 15 du soir.

Préfet à Intérieur, Gambetta, Bordeaux.

Je reçois avis indirects pour préparer le ravitaillement de Paris. Tout m'est suspect qui ne vient pas de vous. Je suis prêt à agir, mais j'attends avis de Bordeaux.

CARNOT.

Gambetta confirma la triste nouvelle et lui répondit qu'une assemblée allait être convoquée pour traiter de la paix.

Malgré la réponse de Gambetta, Sadi Carnot télégraphia de nouveau :

Le Havre, 30 janvier 1871, 11 h. 55 soir.

Au Ministre Gambetta, Bordeaux.

Fidèle aux sentiments qui l'ont toujours animée, la démocratie de la Seine-Inférieure émet le vœu suivant :

Pas d'élections ! Lutte à outrance !.

> *Les comités républicains du Havre, de Rouen, d'Elbeuf, de Darnetal et de Deville et la Fédération ouvrière rouennaise. — Les présidents pour la Confédération rouennaise :* E. Aubry, Drouet, Ch. Cord'homme, Régnier, E. Vaughan, E. Delacroix.

Visé : *Le préfet de la Seine-Inférieure,*

Carnot.

Lutte à outrance ! Ces trois mots retentirent dans toute la France, soulevant l'enthousiasme des uns et la fureur des autres.

On commençait à sentir cruellement la faute commise dès le début, faute qui avait consisté à laisser enfermer le gouvernement dans Paris et à confondre l'autorité militaire de cette place avec le gouvernement de la France.

La capitulation de Paris allait devenir fatalement la capitulation du pays tout entier, malgré les intentions mêmes des hommes qui avaient été obligés d'y consentir.

En rendant Paris, où il ne restait plus un morceau de pain, Jules Favre, à bout de forces, sinon de courage, ne conservait ni le ressort, ni la lucidité nécessaires pour résister aux clauses léonines que lui imposèrent dans la convention MM. de Bismarck et de Moltke, et pour éviter les pièges qu'ils lui tendirent.

Voyant qu'il ignorait ce qui se passait dans le reste du pays, le chancelier en avait profité pour lui arracher un traité d'armistice désastreux d'où l'armée de l'Est était exclue, et par lequel étaient cédés aux Allemands d'immenses territoires qu'ils n'avaient jamais atteints de leurs armes et même d'où nos soldats les avaient repoussés.

Nos généraux réclamèrent de toutes parts.

Lorsque le commandant Harel envoyé à Alvimare, quartier général de l'état-major prussien, rapporta au Havre le texte authentique de l'armistice, Sadi Carnot dut se rendre à l'évidence ; mais il envoya à Gambetta une protestation énergique :

Le Havre, 1er février 1871, 11 h. 30 soir.
Préfet à Gambetta, Bordeaux.

La délimitation de l'occupation prussienne, telle que la définit la convention signée Bismarck et Jules Favre, est inadmissible. Elle conduit à la cession de villes et de territoires libres jusqu'ici des atteintes de l'ennemi. Sur mon invitation, les municipalités des communes que les soldats prussiens ont envahies depuis deux jours, grâce à l'omission inqualifiable du délai d'exécution de l'armistice, protestent de tous côtés contre l'invasion, et notifient leurs protestations aux commandants militaires étrangers. Cette attitude énergique des autorités civiles en impose à plusieurs.

Ils sont entrés à Honfleur, à Fécamp, à Saint-Valéry. Il y en a actuellement 3 500 à Dieppe.

CARNOT.

En même temps, il donnait des ordres aux maires de toutes les communes occupées irrégulièrement par l'ennemi :

Le Havre, 1er février 1871, 2 h. 10 soir.
Commissaire extraordinaire de la Défense à Maire, Honfleur.

Vous devez protester avec une inébranlable énergie contre l'occupation prussienne d'un territoire qui était libre au moment de la signature de l'armistice.

Si vous ne pouvez absolument pas l'empêcher, dressez procès-verbal et notifiez au commandant prussien.

J'informe le Ministre de la guerre de la violation des conventions.

CARNOT.

Puis, le même jour, au maire de Fécamp :

Le Havre, 1er février 1871, 6 h. 15 soir.
Préfet à maire de Fécamp.

Je vous félicite ainsi que votre conseil municipal de l'énergie que vous déployez contre les prétentions prussiennes.

Je n'ai encore rien de précis sur la ligne de démarcation ; mais je vous engage à persister avec fermeté dans vos prétentions.

Nous pourrons avoir à céder, mais nous aurons fait notre devoir jusqu'au bout.

CARNOT.

Le 31 janvier, le gouvernement de Bordeaux publiait un décret convoquant les électeurs pour le 8 février à l'effet de nommer une Assemblée nationale.

Le même jour, un second décret déclarait inéligibles les individus qui, depuis le 2 décembre 1851 jusqu'au 4 septembre 1870, avaient accepté les fonctions de *ministre, sénateur, conseiller d'État ou préfet.* Et aussi ceux ayant accepté la candidature officielle et dont les noms figuraient dans les listes, recommandés par les préfets et publiés au *Moniteur officiel* avec les mentions : *candidat du gouvernement, candidat de l'administration* ou *candidat officiel.*

Le sous-préfet de Dieppe qui, prenant parti pour Paris, avait refusé d'afficher la proclamation de Gambetta, fut révoqué immédiatement par Sadi Carnot.

Le Havre, 2 février 1871, 9 h. 5 soir.

Préfet à Gambetta, Bordeaux.

Le sous-préfet de Dieppe me télégraphie :

Le *Journal officiel* de Paris, remis hier au maire de Dieppe par un voyageur, contient un décret relatif aux élections.

Ce décret diffère de ceux de la délégation de Bordeaux. Le décret du gouvernement de Paris n'exclut de l'éligibilité ni les anciens candidats officiels, ni les ministres et conseillers d'État de l'Empire.

Cette dualité de pouvoirs crée une situation très délicate sur laquelle télégraphiez-moi immédiatement votre opinion.

Le même sous-préfet de Dieppe me télégraphiait ce matin que l'occupation de Dieppe résultant de l'armistice l'empêchait de publier votre proclamation. *Je considère cette dépêche comme une démission.* M. Justin, que vous avez déjà désigné, part pour remplacer M. Chambon que j'avise de cette mesure ; je donne ordre à M. Justin de suivre vos instructions sans s'occuper du décret de Paris et je lui enjoins de protester de toute son énergie contre les entraves que l'occupation prussienne pourrait apporter à l'exercice du droit électoral.

CARNOT.

Le 3 février Sadi Carnot envoyait une nouvelle dépêche de protestation à Gambetta, dépêche dont les derniers mots révèlent la préoccupation d'assurer la sincérité des élections :

Le Havre, 3 février 1871, 6 h. 40 soir.

Préfet à Intérieur, Gambetta, Bordeaux.

Malgré nos protestations réitérées, Dieppe est occupé. Le service télégraphique y devient impossible, et on m'annonce qu'un sous-préfet prussien est nommé. Il en sera de même sans doute à Rouen, à Yvetot, à Neuchâtel. Les Prussiens prétendraient avoir ce droit, aux termes d'une nouvelle prescription qui aurait été consentie par M. Jules Favre.

Ainsi occupation ennemie, suppression des rapports administratifs, installation d'un pouvoir étranger dans quatre arrondissements sur cinq, ignorance forcée des dispositions prises pour le vote, difficulté des communications postales. Peut-on faire des élections valables dans des conditions pareilles ?

J'envoie protestation au commandant prussien ; je réclame, sans compter l'obtenir, le respect de la convention qui stipule que toutes facilités seront laissées pour les élections.

Et j'oppose aux fonctionnaires nommés par l'ennemi des fonctionnaires nommés par moi avec ordre d'assurer énergiquement la liberté électorale.

CARNOT.

Il fallut malgré tout subir l'armistice. Le gouvernement de Paris avait engagé la France entière et tous ses moyens de défense. Il avait traité avec l'ennemi, n'ayant d'autres renseignements sur les armées de province que ceux fournis par les Allemands. Paris avait été investi avec un tel soin, que depuis plusieurs mois aucune nouvelle n'y était parvenue, sauf quelques dépêches très sommaires apportées par les pigeons voyageurs échappés aux balles ennemies.

Sadi Carnot, ainsi que nous l'avons vu, avait favorisé, préparé même la résistance dans les départements de l'Eure, du Calvados et de la Seine-Inférieure et félicité en les encourageant tous ceux qui avaient protesté. Mais de ses chefs hiérarchiques lui parvinrent des ordres formels, qu'il fallut respecter, et dont il dut assurer l'exécution.

A ce moment, le conflit qui avait éclaté dès le début entre le gouvernement de Bordeaux et celui de Paris, était devenu de plus en plus aigu. Gambetta donna sa démission et fut remplacé par Emmanuel Arago, partisan du gouvernement de Paris.

Des dépêches furent alors lancées aux préfets afin de procéder à l'élection de l'Assemblée nationale.

Sadi Carnot immédiatement décréta que l'arrondissement du Havre serait une circonscription électorale indépendante afin que cette partie libre pût voter à part, sans que les votes fussent noyés dans les suffrages des populations envahies, qui devaient aller au scrutin sous l'œil de l'ennemi.

Le Havre, 7 février 1871.

Préfet à Intérieur, Bordeaux.

En raison des entraves apportées à la liberté des élections par l'occupation prussienne dans quatre arrondissements de la Seine-Inférieure, le gouvernement a décrété, le 4 février, que l'arrondissement du Havre resterait exceptionnellement une circonscription du vote, et j'ai pris un arrêté pour fixer le nombre des représentants auquel sa population donne droit.

Les arrondissements ne doivent voter que sur bulletins portant douze noms.

Si, par une interprétation des décrets de Paris du 29 janvier, le département de la Seine-Inférieure est traité comme les départements entièrement occupés, le maire de Rouen, qui prétend exercer les pouvoirs de préfet, peut, avec l'appui des Prussiens, diriger les opérations électorales dans quatre arrondissements ; mais il est absolument sans droit sur l'arrondissement du Havre et doit réduire à douze le nombre des noms à compter sur les bulletins déposés, dans la partie occupée du département.

Les instructions et avis que j'ai envoyés dans ce sens sont interceptés, et le *Moniteur prussien* de Rouen invite à les arracher sous peine d'une forte amende.

Je suis donc impuissant à assurer la sincérité des élections dans les arrondissements occupés ; et si le gouvernement n'intervient pas pour que les votes libres soient comptés à part, la confusion résul-

tant du maintien des seize noms sur les listes prussiennes dénatu-
rera absolument le sens du vote.

Réponse très urgente ; on vote demain.

CARNOT.

Sadi Carnot, qui tenait ses pouvoirs du gouvernement de
Gambetta et en partageait les idées, ayant appris la démission du grand tribun, répondit au nouveau ministre de
l'intérieur par cette admirable dépêche dans laquelle écla-
tait son indomptable patriotisme. On reconnaissait bien le
petit-fils de Lazare Carnot dans cette fière protestation ci-
dessous :

Le Havre, 7 février 1871, 11 h. soir.

Préfet à Intérieur, Arago, Bordeaux.

Monsieur le Ministre,

Les décrets rendus à Paris, le 29 janvier, ne m'ont jamais été noti-
fiés, et j'ai affiché et contresigné ceux du 31 rendus à Bordeaux.

En publiant aujourd'hui, d'après votre ordre, l'annulation du décret
de Bordeaux, j'ai le devoir de dégager ma responsabilité et de ne pas
me déjuger.

Convaincu de la nécessité de lutter à outrance pour sauver notre
pays de l'anéantissement politique et des colères qui en résulteront,
j'ai accepté comme une mesure de défense nationale le deuxième
décret du 31 janvier, bien qu'il fût contraire à nos doctrines politiques, comme je consens aux réquisitions militaires, bien qu'elles
consacrent une atteinte à la propriété et à la liberté individuelle.

Dans la crise où nous sommes, en présence d'élections que dénature
la pression étrangère, et que la discussion n'a pas le temps d'éclairer,
j'ai admis une mesure d'exception parce que j'y ai vu, en temps de
guerre, une nécessité de salut public.

*Si vous ne redoutez pas une Chambre telle que M. de Bismarck
la désire, je ne puis vous suivre.*

En venant ici avec mission d'organiser les forces de la Défense,
j'acceptais un poste de combat qui n'a de raison d'être qu'avec la
chambre fière et résolue, entrevue par Gambetta, avec l'exclusion
des partisans de la paix à tout prix.

Pour rester fidèle à la ligne de conduite que je m'étais tracée, je
vous remets donc mes fonctions et vous prie d'accepter ma démission.

CARNOT.

Bien qu'il se fût déclaré l'adversaire intraitable de la paix et de la nomination d'une assemblée ayant pouvoir pour la signer, il accepta le mandat qui lui était offert, espérant sans doute, devant les prétentions outrageantes de l'ennemi, assister à un réveil tardif de patriotisme et le provoquer au besoin par son opposition.

Quelques jours après, Carnot était élu député de la Côte-d'Or et quittait le Havre pour se rendre à Bordeaux siéger à l'Assemblée nationale.

Les débats sur les préliminaires de paix, s'ouvrirent le 1er mars. Edgar Quinet, Victor Hugo, Louis Blanc protestèrent contre les prétentions du vainqueur et réclamèrent la reprise des hostilités.

M. Conti, un familier de Napoléon III, en profita pour louer le régime déchu qu'il appelait « un passé glorieux, » le règne d'un « souverain vénéré ! »

A ces mots, un tumulte effroyable obligea le président à lever la séance. A la rentrée, vingt-deux députés, parmi lesquels se trouvaient Sadi Carnot et son père, proposèrent un ordre du jour ainsi conçu :

« L'Assemblée nationale..... confirme la déchéance de Napoléon III et de sa dynastie, déjà proclamée par le suffrage universel ; elle le déclare responsable de la ruine, de l'invasion et du démembrement de la France. »

Thiers monta à la tribune : « — Je vous ai proposé, dit-il, une politique de conciliation et de paix, et j'espérais que tout le monde comprendrait la réserve et le silence dans lesquels nous nous renfermions à l'égard du passé ; mais lorsque ce passé se dresse devant le pays, quand il semble se jouer de nos malheurs, dont il est la cause, non seulement par ses fautes, mais par ses crimes, nous devons à l'instant même faire éclater la vérité. »

Et se tournant vers les quelques bonapartistes qui réclamaient : « Savez-vous, poursuivit-il, ce que disent en Europe les princes que vous représentez ? Ils disent que ce

ne sont pas eux qui sont coupables de la guerre ; ils disent
que c'est la France ; ils disent que c'est nous ! Eh bien, je
leur donne un démenti à la face de l'Europe. Non, la
France n'a pas voulu la guerre ; c'est vous, vous qui
protestez, c'est vous qui l'avez voulue !... C'est comme une
punition du ciel de vous voir ici obligés de subir le jugement de la nation, qui sera le jugement de la postérité. »

L'ordre du jour de déchéance fut voté à l'unanimité
moins six voix.

Vint ensuite le vote des préliminaires de la paix
(28 février). La France perdait l'Alsace, la Lorraine, cinq
milliards. Elle devait, en outre, supporter l'occupation
allemande des vingt-deux départements, jusqu'au payement
de l'indemnité de guerre.

Il y eut 107 voix contre et 548 pour.

Les députés de la Moselle, du Haut-Rhin et du Bas-Rhin
quittèrent l'Assemblée nationale, après que l'un de leurs
collègues, M. Grosjean, eut élevé à la tribune une dernière
protestation et adressé un touchant adieu :

« Au moment, dit-il, de quitter cette enceinte où notre
dignité ne nous permet plus de siéger, et malgré l'amertume de notre douleur, la pensée suprême que nous
trouvons au fond de nos cœurs est une pensée de reconnaissance, pour ceux qui pendant six mois n'ont pas cessé
de nous défendre, et d'inaltérable attachement à la Patrie
dont nous sommes violemment arrachés.

« Nous vous suivrons de nos vœux et nous attendrons
avec une confiance entière dans l'avenir, que la France
régénérée reprenne le cours de sa grande destinée.

« Vos frères d'Alsace et de Lorraine, séparés en ce
moment de la famille commune, conserveront à la France,
absente de leurs foyers, une affection filiale, jusqu'au jour
où elle viendra y reprendre sa place. »

L'émotion causée par ces nobles et poignantes paroles

fut indicible. Le maire de Strasbourg, Küss, mourut le soir même.

Parmi les 107 qui avaient voté contre le traité de paix, se trouvaient : Sadi Carnot, tous les députés de l'Alsace et de la Lorraine, presque tous les députés de Paris, la plupart des députés des départements envahis et quatre généraux ayant commandé en chef devant l'ennemi : Chanzy, Billot, Loysel et Mazure.

Esprit net et droit, aimant avec passion son pays, commissaire dévoué de la Défense nationale, Sadi Carnot ne pouvait consentir au démembrement de sa Patrie. C'est après avoir consulté son père et mûrement réfléchi, qu'il vota la continuation des hostilités.

On dut se soumettre aux dures exigences du vainqueur.

A l'Assemblée nationale, Sadi Carnot exerça les fonctions de secrétaire qu'il conserva pendant plusieurs années. Ce poste lui fournit l'occasion de parfaire son éducation d'homme politique et d'homme d'État.

CHAPITRE V

DÉLICATESSE. — FERME RÉPUBLICANISME

Lorsque Carnot, le 7 février 1871, donna sa démission de préfet, il aurait pu aussitôt quitter son poste et abandonner à vau-l'eau les affaires de sa préfecture. Mais son caractère ne pouvait s'accommoder de telles choses.

Fidèle à sa scrupuleuse délicatesse, en ce temps d'agitation électorale, d'anarchie administrative, d'intrigues et de compétitions personnelles, Sadi Carnot, quoique démissionnaire, resta à son poste jusqu'au 19 février. Ce jour-là, il quitta le Havre pour aller siéger à Bordeaux dans les rangs de la gauche républicaine, à l'Assemblée nationale où son père venait d'être envoyé par les électeurs de Seine-et-Oise. Avant de quitter le Havre, il fit afficher une proclamation d'où nous détachons les passages suivants :

« Le 7 février, j'ai adressé ma démission au gouvernement ; mais, dans les circonstances où nous sommes, je tenais à ne pas quitter mon poste sans en être relevé.

« J'apprends tardivement que le département de la Côte-d'Or m'a fait l'honneur de m'élever au nombre de ses représentants à l'Assemblée nationale, et je dois partir en toute hâte pour aller à temps exercer ce mandat, qui domine tous les autres. »

Sa carrière parlementaire commençait.

FERME RÉPUBLICANISME

Les Carnot ont toujours été républicains ; à la République ils avaient consacré toute leur vie, tout leur dévouement. Aussi, chaque fois que son existence fut en péril surent-ils la défendre de toutes leurs forces.

En 1873, Sadi Carnot vota contre l'abrogation des lois

Adolphe Thiers.

d'exil, pour le retour de l'Assemblée à Paris et pour le maintien de Thiers au pouvoir. La même année, Thiers donnant sa démission, le maréchal de Mac-Mahon fut élu à sa place, le 24 mai, par 390 voix sur 392 votants.

La nomination du maréchal à la présidence de la République réveilla toutes les espérances des partis dynastiques, et quelque temps après, non seulement les légitimistes et les orléanistes continuèrent à s'agiter, mais les partisans de Bonaparte eux-mêmes osèrent redresser la tête.

A cette occasion, Hippolyte Carnot fit paraître (1874) une brochure ayant pour titre : *Ce que serait un nouvel Empire*, où il adjurait ses concitoyens de ne point permettre une restauration qui fatalement inspirée des mêmes principes, déjà deux fois jugés et condamnés, aboutirait inévitablement aux mêmes désastres.

« Tel arbre, tel fruit. » C'est une parole de l'Évangile.

« Les hommes sont comme les arbres, disait-il dans sa brochure, chacun produit selon sa nature. Celui qui était entré dans la vie publique par les aventures de Boulogne et de Strasbourg devait en sortir par l'aventure de Sedan, après avoir passé par bien d'autres. Les premières n'étaient que grotesques, la dernière a été fatale.

« Napoléon III affichait l'ambition d'imiter son oncle. Mais

> Quand sur une personne on prétend se régler,
> C'est par les beaux côtés qu'il faut lui ressembler.

« Et le neveu a précisément copié de son oncle ce qu'il avait de pire.....

« Si la France avait le malheur de subir un autre Napoléon, continuait Hippolyte Carnot, celui-là suivrait fatalement la trace de ses devanciers : un pouvoir qui n'a de raison d'être que sa tradition est esclave de cette tradition ; il ne vit qu'à la condition de reproduire le passé. Les deux empires qui ont dominé la France sont une forme particulière du césarisme, qu'à bon droit on a caractérisé par un nom spécial : le *bonapartisme*. Il est cela ou il n'est rien.

« L'histoire va nous le prouver.

« Le règne de Napoléon III a eu deux périodes :

« La première fut une orgie de dictature ; la seconde un relâchement du pouvoir, que des esprits crédules prirent pour un progrès, tandis qu'il était le signe de l'épuisement après une longue lutte contre l'esprit de vérité et de liberté.

« Quelques hommes eurent cependant confiance dans l'accouplement hybride et stérile de ces deux mots : *Empire libéral.*

« Mais les bonapartistes purs, ceux de la bonne école, ne s'y trompèrent pas. Ils ne cessèrent de protester contre les dangereuses concessions d'un despotisme à son déclin.

« L'Europe aussi ne s'y est pas trompée. Inquiète d'abord pour son repos quand elle avait vu reparaître, en 1848, le nom de Napoléon, synonyme de guerre et de conquête, elle avait tenu ses bataillons rassemblés. Puis notre intelligente ennemie, la Prusse, au spectacle de cette décrépitude prématurée de l'empire, comprit qu'elle pouvait faire sortir de ses arsenaux ses armes depuis longtemps fourbies.

« Les gouvernements, en effet, tombent dès qu'ils manquent à leurs principes. Celui de l'empire était la dictature : le moindre germe de liberté devait être pour lui un poison mortel.

« Ce ne sont pas seulement les casse-cou du bonapartisme qui avaient ce pressentiment : ses sages, ses hommes d'État le partageaient. Nous apprenons par les papiers des Tuileries que M. Rouher lui-même, en septembre 1867, conseillait à son maître de revenir sur les réformes proposées et de reprendre hardiment les *armes disciplinaires de* 1852.

« Tout atteste, en effet, que les bonapartistes préparaient un nouveau coup d'État pour restaurer la dictature, et que la première victoire remportée sur les Allemands devait en donner le signal. Cela est mis hors de doute par les listes de proscription dressées d'avance et trouvées à Lyon, le

4 septembre, à demi-consumées dans la cheminée du préfet impérial.

« Cette guerre folle, absurde, on l'avait fait précéder d'un plébiscite aux termes tellement perfides, que le peuple, abusé, croyant répondre *oui* à des promesses de réforme, répondit *oui* à la guerre. L'empereur n'avait plus la force de rien vouloir ; ses ministres résistaient mollement, cherchant à s'étourdir eux-mêmes, à se faire le cœur léger. Mais cette guerre devait favoriser un nouveau 2 décembre ; et la femme autour de laquelle s'étaient groupés les meneurs bonapartistes, désespérant de pouvoir galvaniser l'inertie du chef nominal, disait résolument : *C'est ma guerre à moi !*

« Ce qu'on voulait alors, on le veut aujourd'hui.

« N'écoutez pas ces entretiens tenus entre des portes mal fermées pour que la France puisse les entendre, et dans lesquels on annonce que l'empire rajeuni sera plein de mansuétude, qu'il ne se montrera ni proscripteur, ni même exclusif. Puisqu'on vous promet tout cela au nom de ceux qui ont bâillonné la presse, supprimé la tribune, terrifié les villes et les campagnes par les commissions mixtes et la loi de sûreté générale, par les confiscations, les exils, les expulsions, les déportations, les canonnades, les fusillades, on peut vous promettre aussi l'économie au nom de ceux qui ont ruiné nos communes par des dépenses extravagantes, et la paix au nom de celui qui a guerroyé contre les Russes, les Autrichiens, les Mexicains et les Prussiens.

« Écoutez plutôt les enfants terribles du bonapartisme ; la vérité sort de leur bouche :

L'empire restauré sera le régime de 1852 *dans toute sa splendeur.*

Le Pays.

« Loin de leur pensée cet empire en décadence, vieilli, affadi, énervé, dont M. Ollivier et ses amis furent la dernière expression. Ce qu'on nous prépare, c'est l'empire dans toute la vigueur de son printemps, renouvelant les prouesses dont nous avons fait l'énumération :

« Violences contre les personnes, atteintes aux fortunes privées ;

« Dilapidation de la richesse publique ;

« Expéditions belliqueuses.

« En un mot l'empire vrai ;

« Et tout cela mille fois aggravé ;

« Car il y a de nouvelles vengeances à exercer contre tous les partis ;

« Car le cortège des faméliques, accru par la diète de quatre ans qu'ils viennent de subir, forme une bande de loups-cerviers ;

« Car, pour se réhabiliter aux yeux de la France des hontes de Sedan, l'empire devra flatter les passions populaires, hâter l'heure de la revanche, d'une revanche sanglante. Il ne peut pas, comme la République, qui a défendu le sol national avec honneur, si ce n'est avec succès, attendre cette revanche d'une restauration de nos finances, d'une forte éducation militaire, peut-être d'un progrès de la raison publique et d'une grande solution européenne.

« L'empire est dominé, nous le répétons, par la fatalité de sa tradition. S'il revenait, il serait pire que dans le passé : nouvelles aventures, nouvelles catastrophes !

« Tel arbre, tel fruit, » dit saint Mathieu. Il ajoute : « Tout arbre qui ne produit pas de bons fruits, sera coupé « et jeté au feu. »

« L'arbre de l'empire a été abattu par la France ; elle ne le laissera pas replanter : ses fruits sont trop dangereux. »

L'année suivante (1875), Sadi Carnot publia, à son tour, la traduction d'un ouvrage de Stuart Mill sur la *Révolution de 1848 et ses détracteurs.*

Homme d'étude et de science, Sadi Carnot devait naturellement peu ou point écrire. Absorbé par ses travaux tant parlementaires que techniques, il n'avait point le loisir de confier au papier autre chose que des rapports et des calculs.

Son bagage d'écrivain politique est donc assez léger.

Mais qualité passe quantité et la concision du style, lorsqu'elle accompagne la précision des idées, est préférable aux périphrases creuses et nombreuses et dénotent au moins chez l'auteur le souci d'être net et le désir de venir au but.

Cette clarté sobre est la caractéristique du style de Sadi Carnot.

Il dédaigne et méprise la fleur de rhétorique. Il sait dire ce qu'il veut, comme il veut, et rien que ce qu'il veut. Sa phrase est mathématique, si l'on peut s'exprimer ainsi. Très française de tournure, vive d'allure, correcte et balancée de forme, elle est claire comme un théorème de géométrie. Elle vise à instruire bien plus qu'à charmer.

L'ouvrage le plus compact de Sadi Carnot est celui dont nous avons parlé plus haut : la traduction du livre de Stuart Mill, *la Révolution de 1848 et ses détracteurs.*

Ce serait sortir du cadre que nous nous sommes fixé que d'analyser ici ces pages écrites en 1849 pour la *Revue de Westminster*.

On ne les a pas, en France, assez connues et assez méditées.

Quand nos historiens nationaux nous racontent les événements contemporains, nous nous demandons souvent si leurs appréciations peuvent être complètement impartiales. Ils jugent une politique dont ils sont, peut-être, trop voisins pour se rendre compte des proportions vraies. Sans doute ils font tout pour se dégager des passions du moment et pour pressentir les conclusions plus indépendantes de la postérité ; mais réussissent-ils à s'isoler de leur milieu ? Nous sommes toujours portés à en douter un peu et nous laissons volontiers le temps et la critique accomplir leur œuvre, rectifier les erreurs, atténuer les exagérations et découvrir aux événements des causes qui ont pu échapper à des témoins surpris par le fait brutal.

Cette attente est avisée sans doute ; mais elle ne doit pas trop durer. Les premières impressions des contemporains, plus ou moins partiales, pourraient acquérir, par une sorte de prescription, l'autorité de l'histoire.

Faute du temps, la distance matérielle permet à un bon juge de trouver le vrai point de vue qui le préserve des erreurs de perspective. Et, quand ce juge est étranger, à l'abri de nos passions politiques et de notre esprit de parti, ami d'ailleurs de la France et bien renseigné sur ce qui s'y passe, on peut lui faire crédit du temps et trouver en lui un appréciateur aussi lucide et réfléchi que le plus éclairé de nos arrière-neveux.

Si de tels juges se sont donné la peine d'écrire sur notre histoire contemporaine, il y a grand profit à les lire.

Entre tous, a dit Sadi Carnot, John Stuart Mill mérite d'être placé au premier rang.

« Peu d'écrivains étrangers, écrit-il, ont suivi avec autant d'attention sympathique et de clairvoyance le développement de notre société. Anglais, sans doute, et profondément anglais par les caractères saillants de son esprit, il se rapproche cependant des idées françaises par bien des tendances ; exempt de préjugés égoïstes et dégagé de ce patriotisme arrogant et exclusif qui caractérise souvent les écrivains d'outre-Manche, il a secoué les préventions de ses compatriotes contre la démocratie moderne ; il a creusé tous les problèmes politiques et sociaux de notre Révolution, et chaque fois qu'il en a trouvé l'occasion, il a fait preuve d'une connaissance profonde de notre histoire et de tous les ressorts de notre activité nationale.

« Dès 1828, il répondait à des pages agressives, écrites par Walter Scott dans son *Histoire de Napoléon*, en publiant, dans la *Revue de Westminster*, une savante étude sur la Révolution française.

« Une attaque non moins injuste, dirigée contre la révolution de Février, le détermina, en 1849, à écrire la verte réplique que nous croyons utile de placer sous les yeux des lecteurs français. »

Laissons dire à Sadi Carnot lui-même dans quelles conditions ces pages furent écrites :

« Le vieux lord chancelier Henry Brougham, l'ancien chef des Whigs, qui résidait en France depuis treize ans, et possédait un château à Cannes, tenant à témoigner sa confiance dans les nouvelles institutions françaises, avait, au commencement d'avril 1848, demandé au garde des sceaux des lettres de naturalisation. Comme il entendait demeurer pair anglais, il lui fallut renoncer à devenir citoyen français.

« La vanité britannique fut vivement blessée de cette déconvenue, et le grand ministre libéral qui avait tant fait, dans son pays, pour la réforme électorale, pour la diffusion des connaissances utiles, pour l'abolition de l'esclavage, ne craignit pas de dénier à la France le droit de marcher, à son tour, dans la voie du progrès. Sous forme de lettre à son ami et ancien collègue, le marquis de Lansdowne, il écrivit, contre la révolution de Février, un pamphlet qui a fait grand bruit.

« C'est à ce pamphlet que répondit John Stuart Mill dans la *Revue de Westminster*, comme il avait, vingt ans auparavant, répondu à Walter Scott. »

Nous savons pourquoi Stuart Mill écrivit son livre ; sachons quels motifs poussèrent Sadi Carnot à le traduire en français.

On les dit de plusieurs sortes. En premier lieu, il convient de placer celle-ci :

A la fin de l'année 1874, la France était livrée pieds et

poings liés au gouvernement de l'Ordre moral dont la pression devait se faire sentir de plus en plus lourde jusqu'au coup d'audace du 16 mai, qui devait du reste être sa perte. La constitution, qui devait nous assurer la République, n'était pas encore votée, et les monarchistes, ayant bâillonné la presse républicaine, relevaient déjà la tête et annonçaient publiquement l'avènement prochain du comte de Chambord.

Les réactionnaires coalisés, outre leurs procédés de répression et d'intimidation, jugeant tous moyens bons pour en venir à leurs fins, calomniaient sans trêve et sans vergogne les hommes et les actes du parti républicain, ceux du passé comme ceux du présent.

Il fallait donc mettre le pays en garde contre ces mensonges débités chaque jour à la tribune et dans la presse, et rétablir la vérité.

Sadi Carnot connaissait le livre de Stuart Mill autrement que de réputation. Son beau-père, M. Dupont-White, l'économiste bien connu, avait été l'intime ami de l'écrivain anglais. Sadi Carnot jugea que ces pages écrites par un contemporain de la révolution de Février, contemporain impartial puisqu'il était étranger et dégagé du débat, auraient en France plus de portée que tout ce qui pourrait être dit sur les républicains de 1848.

Autre raison. Son père, M. Hippolyte Carnot, avait été directement pris à partie par Henri Brougham, qui reprochait à l'ancien ministre de l'instruction publique d'avoir appelé, en arrivant au pouvoir, ses amis du Saint-Simonisme, Charton, Jean Reynaud et Renouvier. Il lui reprochait aussi le projet de loi élaboré avec ses dévoués collaborateurs, projet qui complétait en quelque sorte le droit de vote donné à tous par le droit de tous à l'instruction primaire et fondé à la fois sur les principes de la liberté d'enseignement, de l'instruction obligatoire et de la gratuité ; la formation d'une commission des hautes études scientifiques et littéraires ; la gratuité de l'École normale ; la fondation de l'École d'administration détruite peu de temps après par M. de Falloux ; l'organisation des lectures du soir destinées aux ouvriers ; l'enseignement de l'agriculture dans les écoles primaires et le nom d'*Écoles maternelles* que son bon cœur avait donné aux salles d'asile de l'enfance.

Une circulaire, pleine de sagesse et de raison, dans laquelle il avait écrit qu'un paysan pauvre et sans instruction, mais ayant du bon sens et de l'expérience, pourrait n'être pas déplacé sur les bancs de l'Assemblée nationale, fut aussi attaquée par le pamphlétaire anglais.

Stuart Mill, dans son ouvrage, relevait ces propos agressifs. Traduire Stuart Mill, c'était à la fois défendre la République et son père, faire œuvre de bon citoyen et de bon fils.

Sadi Carnot se mit à l'œuvre et, quelques semaines après, sa tâche de traducteur était finie. Ajoutons que le député de la Côte-d'Or, craignant sans doute de mériter l'épigramme italien : *Traductore : traditore*, s'était fait aider par Mme Carnot, qui possédait beaucoup mieux que son mari, les secrets tours et détours de la langue de Byron.

Maintenant il s'agissait de présenter au public l'ouvrage absolument ignoré en France. Sadi Carnot pensa qu'il était nécessaire de faire précéder cette justification des hommes du Gouvernement provisoire d'un aperçu historique qui peignît avec fidélité l'état des esprits à la fin du règne de Louis-Philippe et déterminât avec exactitude les causes réelles de la révolution de Février, incompréhensibles pour qui les ignore.

C'est alors qu'il condensa dans une préface très personnelle, qui demeurera le complément indispensable du livre de Stuart Mill, les raisons qui faisaient de la révolution de Février une nécessité historique.

Nous ne saurions donner au lecteur un meilleur aperçu de la manière littéraire de Sadi Carnot qu'en citant quelques pages de cette préface :

« La révolution de Février, comme le dit très justement Stuart Mill, est devenue une révolution politique, mais elle est née révolution sociale.

« Une grande transformation économique s'était réalisée depuis un demi-siècle : en abolissant les corporations, les maîtrises et les jurandes, la Constituante de 1791 avait brusquement créé la liberté commerciale et industrielle ; le pays s'était enrichi ; mais un équilibre séculaire avait été rompu et il fallait du temps pour le rétablir sur de nouvelles bases.

« La concurrence, poussée à l'excès, avait amené l'abaissement des salaires et engendré la misère dans une population ouvrière multipliée hors de toute mesure.

« Les maux du prolétariat industriel avaient grandi jusqu'en 1830, sans même être entrevus par le monde officiel ; et, si quelques penseurs comme Saint-Simon et Fourier avaient cherché les moyens d'y porter remède, leurs tentatives n'avaient provoqué que railleries dans les sphères du pouvoir.

« Une ère nouvelle semblait devoir s'ouvrir avec des hommes nouveaux, après les journées de Juillet. Il n'en fut rien ; le pays légal ne se montra pas moins aveugle que le pays privilégié. Plus préoccupé de refermer derrière lui la barrière, après l'avoir franchie, que d'appeler ou de préparer à la vie nationale de nouveaux adeptes, il ferma les yeux pour ne rien voir des besoins et des aspirations de la nation laborieuse.

« Celle-ci, délaissée, tourna ses espérances vers des systèmes sociaux qui promettaient d'améliorer et d'ennoblir sa destinée, et qui cherchaient dans l'association et dans l'organisation du travail les moyens de réagir contre les dangers de la concurrence industrielle.

« La masse des travailleurs, enthousiasmée par de séduisantes théories, se rangea autour des penseurs et des écrivains qui se préoccupaient de sa détresse. Les organes des écoles socialistes, depuis la *Fraternité* jusqu'à l'*Atelier* et la *Réforme*, trouvèrent dans ses rangs des lecteurs passionnés et acquirent aux éloquents interprètes des besoins populaires une réelle puissance.

« Dans leur indifférence égoïste, *les classes dirigeantes* ne virent pas monter le flot qui les menaçait ; elles ne comprirent pas les périls de cette éducation du peuple, faite en dehors d'elles sans le contrôle de la discussion ; de ces théories dont elles auraient dû chercher à signaler les lacunes et les dangers en prenant l'initiative d'instructives expériences.

« La masse des travailleurs, abandonnée à elle-même, devait au jour de la crise se dresser, son programme à la main, et dire à qui n'avait pas voulu comprendre ses aspirations : « L'heure de la discussion est passée. »

« C'est d'ailleurs en dehors d'elle que la crise prit naissance en 1848. La manifestation réformiste se prépara dans le pays légal dont elle signala le mécontentement ; loin d'être séditieuse, elle n'avait même pas couleur d'opposition radicale ; et, la réforme accordée, le conflit eût été pour longtemps ajourné, sans doute.

« Une résistance inconsidérée le rendit inévitable. Le peuple fut amené, par contre-coup, à entrer en scène, et, ce qui n'était, dans le principe, qu'une manifestation légale, devint brusquement révolution.

« Hier, on réclamait une simple extension du droit électoral ; aujourd'hui il faut au peuple le droit absolu de faire lui-même ses propres affaires. Hier on laissait dire à M. Guizot : « Il n'y a pas de jour pour le suffrage universel, ce système absurde qui appellerait toutes les créatures vivantes à l'exercice des droits politiques. » Aujourd'hui le suffrage universel fait irruption de toutes pièces dans la société française ; il s'y installe, il devient l'âme de la démocratie et défie toutes les atteintes. Si bien que tout gouvernement sensé doit chercher à l'éclairer au lieu de le maudire ou de le tromper en le flattant.

« On se contentait hier de quelques changements de personnes et on se bornait à demander une épuration dans les régions corrompues de l'administration. Aujourd'hui ce n'est plus seulement le pays légal qui s'irrite du rôle que lui font jouer les conseillers du pouvoir ; le peuple, tenu à l'écart par un égoïsme aveugle, confond dans un même sentiment tous ceux qu'il rend responsables de sa détresse et de son ignorance.

« Il ne se contentera pas d'exercer un contrôle indirect sur la gestion des affaires publiques. Il a pris les armes ; il a remporté la victoire ; on doit songer, sans plus tarder, à ses besoins trop longtemps méconnus. Il lui faut l'intervention directe et immédiate du gouvernement pour *organiser le travail*, et s'il consent à mettre *trois mois de misère* au service de la République, c'est qu'il a confiance que, dans ce délai, on aura découvert le secret de l'*Absolu Social*.

« Voilà quel était l'état des esprits quand les événements appelèrent le Gouvernement provisoire à faire sortir l'ordre du chaos où d'autres avaient conduit la France... »

Plus loin, Sadi Carnot s'exprime ainsi, à propos du suffrage universel, la plus grande conquête de la révolution de Février :

« M. Alexis de Tocqueville signalait, il y a quarante ans déjà, le progrès de la démocratie, le développement graduel de l'égalité des conditions, comme un fait providentiel, échappant à la puissance humaine. Tous les gouvernements sont tombés, depuis quatre-vingts ans, pour n'avoir pas tenu compte de cette évolution irrésistible.

« La monarchie de Juillet ne pouvait échapper au sort de ses aînées et la démocratie qu'elle tentait de contenir devait, à un jour donné, rompre ses digues et prendre brusquement possession de la société française.

« L'empire s'est fait l'illusion de croire qu'il la soumettrait en la trompant.

« Elle défie la fraude comme la force, et l'empire a été submergé.

« De telles leçons doivent profiter à notre génération ; le temps est venu d'instruire, de corriger, de préparer au gouvernement cette démocratie qu'on a eu le tort, jusqu'ici, d'écarter systématiquement du pouvoir.

« *C'est dans son organisation, comme le dit M. Jules Grévy, que la France trouvera son salut.* »

« Ajoutons avec lui que la République, ou la souveraineté nationale organisée, est le seul port où la société française peut désormais défier les orages.

« Le grand événement de 1848 nous a rapprochés de ce port de refuge : donnant carrière à toutes les utopies enfantées, depuis vingt ans, dans quelques esprits généreux, par le désir de porter remède à de trop réelles détresses, il a permis de juger à leur pratique des panacées sociales plus séduisantes qu'efficaces. La liberté a fait disparaître les sectes redoutables dans l'ombre. Les grands mots, qui avaient le don de faire illusion aux uns, en effrayant les autres, ont été effacés du vocabulaire démocratique, depuis que l'expérience les a montrés vides de sens.

« Un horizon nouveau fut ouvert au progrès et aux espérances populaires le jour où le gouvernement de Février proclama le suffrage universel.

« Là est la véritable assise de la démocratie moderne ; là est l'avenir rêvé par les réformateurs et poursuivi dans leurs projets chimériques.

« Ce n'est pas, sans doute, une arme inoffensive qu'on

puisse, au premier jour, manier sans précaution ; les plébiscites sont là pour montrer qu'elle a deux tranchants. Toute force recèle des dangers ; personne cependant ne songe à bannir l'usage de la vapeur ou de la poudre. Il faut que le peuple apprenne, de même, à se servir du suffrage universel ; qu'il en connaisse les périls en même temps que la puissance. Il saura se préserver des surprises ; et, voyant son avenir dans ses mains, attaché tout entier à l'exercice intelligent de ce droit nouveau qu'il doit à la Révolution, il saura demander et obtenir pacifiquement tous les progrès nécessaires ; notre pays n'aura plus à redouter les graves conflits dont il a tant souffert et, sans secousses, seront réalisées toutes les améliorations morales, politiques et sociales que la nation réclame à bon droit.

« Elle est commencée, cette éducation populaire, depuis que l'empire n'est plus là pour fausser les manifestations de l'opinion. Nous n'en demandons d'autres preuves que l'attitude aussi ferme que prudente et sage de la démocratie durant quatre années de redoutables crises, à la suite de désastres sans exemple.

« Février 1848 a donc marqué une ère nouvelle dans l'histoire de la démocratie française. Si, à l'heure de la transformation, quelques hommes ont joué un rôle aussi désintéressé que patriotique, il est temps que justice soit rendue à des services trop méconnus. Et, pour cette œuvre de réparation, nous sommes heureux d'invoquer la parole autorisée de John Stuart Mill. »

On le voit, la forme est simple, brève, concise. Point de fioritures, mais tous les mots portent.

Avec son tempérament, il n'était guère possible à Sadi Carnot d'être ce qu'on est convenu d'appeler « un orateur brillant », le principal talent de ce genre de rhéteurs étant de parler fort et longtemps pour souvent ne pas dire grand'chose.

Sadi Carnot avait la voix faible et se taisait quand il n'avait rien à dire. Il avait d'ailleurs toujours été un timide et l'on sait quelle confiance en soi-même exige l'accès de la tribune, où l'orateur est le point de mire de tous les regards, comme son discours l'objet de toutes les attentions.

C'est surtout dans les commissions parlementaires que ses collègues purent entendre et apprécier le député de la Côte-d'Or.

Il s'exprimait doucement, avec un grand calme et sans gestes passionnés ni périodes vibrantes. Comme on est là entre soi, sans auditoire ni public, il avait la parole facile et courante, le mot juste et la phrase correcte. C'était l'ingénieur et non l'avocat.

Quant aux opinions de Sadi Carnot, on les connaissait déjà. Républicain modéré, mais convaincu, il avait toujours fait partie à la Chambre du groupe de la gauche républicaine, le plus modéré des groupes franchement républicains.

C'est surtout sous le 16 mai, alors qu'il y avait vraiment courage à faire montre de républicanisme, que ses convictions s'affirmèrent.

Il nous reste à raconter maintenant sa vie politique; comment cet honnête homme devint président de la République et quels furent, en arrivant au pouvoir, sa conduite et ses actes.

CHAPITRE VI

RÉSUMÉ SUCCINCT DE LA VIE POLITIQUE
DE SADI CARNOT

Ainsi que nous l'avons vu plus haut, Sadi Carnot fut nommé député de la Côte-d'Or, en 1871, sur la même liste que Garibaldi.

En 1875 fut votée la Constitution républicaine confiant le *pouvoir exécutif* à un *président de la République* et le *pouvoir législatif* à *deux* assemblées : le *Sénat* et la *Chambre des députés*. Sadi Carnot fut un des partisans de cette Constitution, et l'un des adversaires les plus résolus de la politique dite de l'*Ordre moral*.

Le 31 décembre 1875, l'Assemblée nationale se sépara et fixa au 30 janvier 1876 l'élection des sénateurs par le *suffrage à deux degrés*, et au 20 février, celle des députés par le *suffrage universel*.

Sadi Carnot se porta candidat à la députation dans l'arrondissement de Beaune (Côte-d'Or). Dans sa proclamation aux électeurs, il rendait compte du mandat qu'il avait exercé pendant cinq années et se déclarait partisan de la nouvelle Constitution votée en 1875, contre laquelle les ennemis de la République commençaient déjà une campagne de revision.

Il résumait ainsi qu'il suit un programme à l'Assemblée nationale.

On y trouve une preuve de sa *netteté d'esprit*.

Dans les questions d'ordre politique et moral. — « Défense des principes de 1789. — Résistance à toute entreprise contre la famille et la propriété, telles que les a constituées le Code civil, et à toute violation des droits de la conscience. — Protection du suffrage universel. — Extension des franchises municipales. — Développement de l'instruction publique à tous les degrés et amélioration du sort des hommes dévoués qui ont mission d'enseigner. »

Dans les questions d'affaires. — « Opposition à tous les monopoles, aussi bien à celui des allumettes et de la dynamite qu'à celui des chemins de fer conçus en vue d'intérêts industriels privés, au détriment des intérêts publics. »

Dans les questions de finances. — « Recherche de toutes les économies qui ne portent pas atteinte au développement intellectuel, moral et industriel de notre pays. — Répartition équitable des charges publiques. — Allègement des impôts indirects et suppression des modes de perception vexatoires. Telles ont été mes vues dans les principales questions soumises, depuis 1871, aux délibérations de l'Assemblée. »

Dès cette époque, Sadi Carnot inaugurait la politique d'apaisement et de conciliation dont il a été l'apôtre le plus persévérant et le représentant le plus autorisé. « *La République seule, disait-il, peut effacer nos anciennes dissidences ; seule, elle n'est pas un gouvernement de parti. Ouverte à tous, acceptant toute adhésion sincère, elle groupera toutes les bonnes volontés et une ère de calme, d'ordre et de liberté rendra à la France la place qui lui revient dans le monde.* »

Sadi Carnot, comme tous les républicains, fut attaqué violemment par les partis réactionnaires du département.

de la Côte-d'Or et plus particulièrement par ceux de l'arrondissement de Beaune, où il eut pour concurrents M. Benoist-Champy, bonapartiste, et le marquis de Villers-la-Faye, ce dernier se disant constitutionnel; en réalité, légitimiste.

Le candidat républicain répondit aux calomnies avec beaucoup de calme et de dignité :

Mes chers concitoyens,

Dans la circulaire que j'ai adressée à chacun de vous, le 3 février, je vous ai rendu un compte fidèle du mandat dont vous m'avez honoré en 1871. Je vous ai, en même temps, exposé loyalement mes opinions et les principes que je défendrai dans la nouvelle Chambre, si vous me confiez la mission de vous y représenter.

Vous me connaissez donc par les traditions de ma famille, par mes actes personnels et par mes déclarations auxquelles je n'ai rien à ajouter, rien à retrancher.

Je ne veux pas répondre aux attaques violentes dont mes adversaires politiques, légitimistes et bonapartistes, ont rempli leurs journaux.

Ils ont tourné contre mon grand-père la haine que leur inspire la Révolution de 1789. Vaine colère! Les services qu'il a rendus à la France appartiennent à l'histoire, et ce n'est pas à la Bourgogne qu'on les fera oublier. Quant aux personnalités que la passion a pu dicter, je n'ai pas à en tenir compte; et l'opinion publique se chargera d'en faire justice.

Mais, avant l'ouverture du scrutin, je veux, en quelques mots, résumer la lutte électorale dans notre circonscription.

Laissons de côté les hommes, et n'envisageons que les opinions.

Trois partis se présentent à vos suffrages :

Deux d'entre eux attendent la revision de la Constitution du 25 février : l'un pour restaurer la Monarchie, l'autre pour refaire l'Empire : c'est le gouvernement républicain que je veux affermir.

Je veux sauvegarder et éclairer le suffrage universel. Un de mes concurrents appartient au parti qui entend le supprimer; l'autre, à celui qui n'a cessé de le comprimer ou de le corrompre.

Je veux rendre aux communes les franchises que la République leur a maintes fois conférées, et que les monarchies leur ont chaque fois reprises.

Bonapartistes et royalistes se sont encore coalisés contre nous, dans l'Assemblée de 1871, pour donner au gouvernement le choix absolu de vos maires.

GAMBETTA A LA TRIBUNE (d'aprés Jules Garnier).

On ose vous répéter : l'Empire serait la paix. Nous savons trop ce que pareil mensonge a coûté à la France. La République seule peut assurer la paix. L'Europe sait que la défense de la patrie lui mettrait seule les armes à la main. Toute monarchie conduirait fatalement à la guerre.

La France républicaine travaille ; elle épargne ; elle s'enrichit ; elle acquitte les dettes des régimes déchus.

Elle aspire au calme qu'ont trop longtemps troublé les compétitions dynastiques. Elle ne veut pas que 1880 soit une date assignée à de nouvelles luttes. Elle entend que les partis désarment définitivement, et que tous la servent, au lieu de former dans l'ombre des liens pour l'enchaîner.

J'ai la conviction, chers concitoyens, que tel est le vœu de la plupart d'entre vous.

S'il en est ainsi, vous ne confierez pas le soin de défendre la Constitution aux hommes qui se déclarent prêts à la détruire, ou qui l'acceptent du bout des lèvres, en dissimulant leurs secrets désirs.

La constitution du 25 février a fondé la République : confiez-en la garde à des hommes décidés à faire respecter et aimer nos institutions nouvelles.

Votre dévoué concitoyen,

SADI CARNOT,

Député, ingénieur des ponts et chaussées.

Nolay, le 16 février 1876.

Le 20 février eurent lieu les élections. Sadi Carnot fut réélu à une forte majorité (7 610 voix sur 10 921 votants).

Dès son arrivée à la nouvelle Chambre, Sadi Carnot en devint l'un des secrétaires. Il fit partie de la commission du budget, qui lui confia successivement en 1876 et en 1877 le poste de rapporteur pour les travaux publics. Au cours de cette législature il prit part surtout à des discussions techniques et d'intérêt général, où toujours il se fit remarquer par sa réelle compétence.

La réaction, encore puissante dans la Chambre élue en 1876, tenta de continuels assauts pour s'emparer du pouvoir et ressaisir l'influence qu'elle avait exercée « dans des jours de malheurs ». A chacune de ces crises, nous voyons

Sadi Carnot aux côtés de Gambetta, dont il suit la politique, lutter contre les empiètements du cléricalisme ou contre les entreprises des anciens partis.

Dans la séance du vendredi 4 mai 1877, l'ordre du jour appelait la suite de la discussion de l'interpellation de MM. Leblond, Laussedat et de Marcère, sur les mesures prises par le gouvernement pour réprimer les menées ultramontaines. Gambetta y prononça un superbe discours dont nous reproduisons quelques passages :

Le plus clair résultat du concile de 1870, dit Gambetta à la Chambre, a été précisément d'ébranler le Concordat, de mettre en question ce traité, ce contrat synallagmatique qui règle les rapports du sacerdoce et de l'empire, de l'État et de l'Église, en dehors duquel il n'y a que deux solutions : ou l'exclusion ou la séparation.

Or, comme nous estimons que tout vaut mieux que ces deux solutions, nous voulons ramener au respect du Concordat et des articles qui l'accompagnent, à l'application rigoureuse, permanente, répressive des lois qui figurent dans nos codes pour la défense de nos libertés et pour la protection de notre indépendance ecclésiastique.

Messieurs, je dirai toute ma pensée. Il faut choisir ; c'est un dilemme que je pose : Ou vous cesserez d'être Français, ou vous obéirez à la loi.

En tenant ce langage, sommes-nous trop exigeants, sommes-nous des hommes passionnés ?

Sommes-nous, dis-je, des hommes passionnés, quand nous venons demander l'application des lois qui ont été appliquées par M. de Vatimesnil ; par Mgr Frayssinous, par le gouvernement de Charles X, par le gouvernement de Louis-Philippe, par l'empire ? Proclamez donc qu'à vos yeux il n'y a que la République qui ne soit pas en état de légitime défense. Dites-le ; ayez ce courage ! Et alors avouez que vous n'êtes qu'une faction politique montant à l'assaut du pouvoir.

D'ailleurs, j'en ai assez dit ; le sentiment de la Chambre est fait, et je dois dire que, quelque précision qu'elle mette dans sa sentence, elle ne satisfera qu'à moitié la conscience nationale indignée, révoltée, d'être ainsi périodiquement agitée par des hommes qui ne relèvent que de l'étranger.

On nous disait hier qu'on redoutait l'effet de ces discussions, de ces révélations pour les élections prochaines.

Ah ! je le crois bien que vous les redoutez ; ah ! je crois bien que vous tremblez de venir devant le suffrage universel, devant le paysan français.

Ah ! je comprends que M. de Valfons, dans la sincérité de ses appréhensions, ne faisait que traduire les vôtres, lorsqu'il disait : « Oh ! ce n'est pas l'intérêt de l'État qui vous agite, c'est le besoin d'influer sur les élections. »

Vous sentez donc, vous avouez donc, qu'il y a une chose qui, à l'égal de l'ancien régime, répugne à ce pays, répugne aux paysans de France..... c'est la domination du cléricalisme !

Vous avez raison, et c'est pour cela que du haut de cette tribune je le dis, pour que cela devienne précisément votre condamnation devant le suffrage universel !

Et je ne fais que traduire les sentiments intimes du peuple de France en disant du cléricalisme ce qu'en disait un jour mon ami Peyrat : « Le cléricalisme ? voilà l'ennemi ! »

Après ce discours, la Chambre, par 361 voix contre 121, vota un ordre du jour invitant le gouvernement à réprimer *toute manifestation illégale.* Quelques jours plus tard, le maréchal adressa à M. Jules Simon une lettre où la politique du cabinet était blâmée. M. Jules Simon et son ministère donnèrent leur démission. Mac-Mahon confia le gouvernement à MM. de Broglie, de Fourtou, etc. ; et le 18 mai, prorogea les Chambres d'un mois.

Tous les républicains des deux Chambres protestèrent. La représentation entière du département de la Côte-d'Or lança une proclamation des plus remarquables parmi celles que provoqua l'aventure du 16 Mai :

AUX ÉLECTEURS DE LA COTE-D'OR

Paris, le 28 mai 1877.

Chers Concitoyens,

Vous avez lu les protestations signées, le 18 mai, par les républicains des deux Chambres, au moment où un décret de prorogation venait de leur interdire la parole et d'abriter dans le silence un ministère de réaction.

Après cette première revendication des droits parlementaires, nous avons laissé passer quelques jours pour apprécier froidement l'acte des 16 et 18 mai, avant de vous dire ce que nous en augurons.

Vous connaissez déjà les hommes qui viennent de prendre possession du pouvoir. Le pays a jugé et condamné leur politique, d'une manière éclatante, dans les élections du 20 février 1876. Ils reparaissent plus violents qu'au 24 mai 1873. Sortis alors d'une majorité parlementaire, ils faisaient écrire que le *respect des majorités est la règle de tous les gouvernements parlementaires*. Portés aujourd'hui au pouvoir par une volonté personnelle, ils veulent lutter contre la majorité et refouler les aspirations du pays. Leur prétention est la même : *faire marcher la France*. En 1873, il s'agissait de la conduire à la monarchie, et la République a été fondée. Aujourd'hui ils aspirent à dompter le suffrage universel, à assurer leur élection dans les conseils départementaux et communaux pour conquérir le Sénat. Les moyens qu'ils emploient n'ont pas changé : bouleverser toutes les administrations, afin de préparer la candidature officielle. Et, pour ne pas perdre une heure, ils avaient dressé leurs listes à l'avance.

Quand le moment sera venu, chers concitoyens, la France entière leur prouvera, une fois de plus, que le suffrage universel est devenu *majeur*.

La tentative échouera donc. Mais elle n'est pas seulement vaine : une responsabilité pèse sur ses auteurs.

La France jouissait d'une paix profonde ; elle donnait le rassurant spectacle du jeu régulier de nos institutions républicaines ; elle traversait sans encombre la redoutable crise qui est née en Orient. Le gouvernement et la Chambre venaient de s'unir pour opposer le frein des lois à des manifestations cléricales capables de mettre en péril notre sécurité extérieure. Le pays tout entier se préparait avec ardeur à la grande lutte pacifique de 1878 et recevait de l'Europe de précieux témoignages de sympathie.

Un jour a suffi pour tout compromettre. La confiance perdue, les affaires entravées, les transactions suspendues, le travail ralenti, l'Europe en défiance : voilà le résultat immédiat d'un acte d'autorité sans causes, d'un langage emprunté au gouvernement personnel. On ne sait que trop où mènent de pareils procédés. Vous vous demandez, chers concitoyens, ce qui va sortir de cette aventure ?

La politique autoritaire sera soumise au jugement des Chambres ou au jugement du pays :

Si le Sénat a bien compris son rôle de gardien de la Constitution, il mettra immédiatement un terme à la crise en refusant la dissolution et en rappelant le pouvoir exécutif au respect des droits parlementaires.

Le pouvoir exécutif s'inclinera ou se retirera. Dans ce cas, la France a, pour le remplacer, des hommes qu'elle honore et dont elle connaît, de longue date, la loyauté et le patriotisme. Un vote du congrès suffira.

Si le Sénat faiblit devant cette grande et glorieuse tâche et préfère remettre au pays le jugement à porter entre le Parlement et le pouvoir personnel, la réponse du suffrage universel ne peut se faire attendre. Nul n'oserait prolonger une crise qui compromet la France.

La réponse du suffrage universel, vous la connaissez d'avance. Elle sera un triomphe de plus pour la Constitution républicaine, la proclamation solennelle du gouvernement du pays par le pays, à l'abri de toutes les aventures ultramontaines et de toutes les entreprises du pouvoir personnel.

Attendez donc avec calme, chers concitoyens, la réponse du Sénat ou l'heure de répondre vous-mêmes.

Laissez passer, avec la conscience de la force et du droit, les actes du ministère de combat.

Et, suivant la parole du président de la Chambre, « restez dans la légalité, restez-y avec sagesse, avec fermeté et avec confiance.

> J. Magnin, sénateur ; Lacomme, sénateur ; Mazeau, sénateur ; Sadi Carnot, député de la Côte-d'Or, secrétaire de la Chambre des députés ; Dubois, député ; Joigneaux, député ; Lévêque, député ; Hugot, député.

Le 19 juin, à la reprise des séances du parlement, la Chambre déclarait, par 363 voix contre 158, que le ministère de Broglie-Fourtou n'avait pas la confiance du pays.

Le Président de la République demanda la dissolution de la Chambre au Sénat, qui la lui accorda à vingt voix de majorité.

Alors, commença dans toute la France une guerre à outrance contre les républicains.

Les partis réactionnaires coalisés s'élancèrent à l'assaut d'un pays qui s'entêtait à vouloir vivre sous un régime de liberté.

Le personnel administratif, le personnel judiciaire, préfets, sous-préfets, procureurs, maires, percepteurs, juges de paix, furent balayés. On vit des révocations d'instituteurs et jusqu'à des révocations de gardes champêtres suspects de tiédeur.

Le ministère entrava la vente des journaux, intenta une quantité inouïe de procès de presse, fit rédiger le *Bulletin des communes* et ordonna de l'afficher aux portes des mairies, des églises, des bureaux de tabac, pour répandre dans les hameaux les plus reculés les odieuses calomnies que cette feuille officielle contenait contre les 363.

Le maréchal de Mac-Mahon parcourut le Centre, l'Ouest, le Midi, prononçant des discours rédigés par MM. de Broglie et de Fourtou dans lesquels, à chaque phrase, s'affirmait son pouvoir personnel.

Gambetta y répondit.

La Défense nationale avait fait voir le patriote ; la lutte contre le 16 Mai devait montrer le citoyen.

Le 15 août, à Lille, il prononça un grand discours où se déployèrent toutes ses qualités de tribun et d'homme d'État :

« Le pays est resté calme, disait-il, en face de toutes les provocations... On a épuisé contre l'opinion tous les moyens qui pouvaient faire espérer de la réduire ou de l'étouffer... Je tiens à prendre acte de ces nombreux procès, de ces résistances judiciaires et légales, opposées sur tous les points de la France à la politique à outrance du 24 mai... Lorsque dans une grande démocratie où les émotions légitimes peuvent se transformer si aisément en mouvements populaires désordonnés, où l'on est si prompt à ne pas s'en rapporter aux lois et à la raison ; où l'on a peut-être trop sacrifié, dans le passé, à un besoin de générosité et de courage à tout propos contre les vexations du pouvoir, je dis qu'il est notable, qu'il est heureux de voir que, sous le coup des provocations qui se sont produites dans les derniers temps, la démocratie française ait pris définitivement pour méthode la résistance légale et juridique aux empiétements du pouvoir personnel... Et, quand la France aura fait entendre sa voix souveraine, croyez-le bien, Messieurs, il faudra *se soumettre ou se démettre !* »

Gambetta fut poursuivi et condamné pour son discours de Lille.

Le moment des élections approchait. La lutte augmentait d'intensité. Le maréchal avait dit, pour rassurer les siens, qu'il irait jusqu'au bout. Le gouvernement ne doutait pas du succès. Il faisait dire que si, par impossible, la Chambre républicaine était renommée, elle serait dissoute de nouveau.

De son côté, Sadi Carnot adressa à ses électeurs de la deuxième circonscription de Beaune la lettre suivante :

Chers Concitoyens,

Au mois de février 1876, la France avait élu pour quatre ans une Chambre républicaine, et lui avait confié la défense de la Constitution.

Patriote, laborieuse, prudente et modérée, cette Chambre, comme l'a proclamé son éminent président, M. J. Grévy, n'a pas cessé un seul instant de bien mériter de la France et de la République.

Le testament politique de l'illustre M. Thiers lui rend pareil hommage.

Cette Chambre, les partis monarchiques ont d'abord tenté d'entraver ses délibérations par leurs violences. Ils ont ensuite réussi à briser son mandat en obtenant la dissolution.

Les mêmes hommes, qui avaient renversé M. Thiers au 24 mai 1873, ont repris possession du pouvoir. Ils veulent s'emparer du Parlement, pour réaliser cette fois les projets que le pays a jugés et condamnés en 1876.

Pour y parvenir, vous savez à quels moyens ils ont recours. Depuis le 16 mai, l'administration a été bouleversée, et toutes les fonctions publiques confiées à leurs amis. Ils ont injurié, calomnié, dans des documents officiels vos élus républicains, en leur refusant le droit de répondre. Ils ont poursuivi la presse, interdit la vente des journaux, fermé les cercles, les auberges, les cabarets, au gré de leurs favoris. Ils ont été jusqu'à déplacer de malheureux instituteurs soupçonnés d'aimer la République. En même temps, ils laissaient libre carrière aux insultes des journaux de la coalition monarchique et aux provocations les plus criminelles à la violation des lois et de la Constitution.

Vos députés républicains n'avaient-ils pas raison lorsqu'ils votaient, le 19 juin, un ordre du jour de défiance contre le ministère ?

J'ai été, chers Concitoyens, un des trois cent soixante-trois qui ont voté cet ordre du jour, et je crois avoir rempli mon devoir vis-à-vis de vous.

Aujourd'hui, décidé plus que jamais à défendre nos institutions menacées, et à préserver notre pays des dangers qu'on lui fait courir, je dois avoir pour adversaire cette coalition monarchique qui veut s'emparer du Parlement.

Elle prétend qu'elle ne veut pas renverser la République, et elle désigne à vos choix les hommes qui, en 1876, se déclaraient encore ses ennemis et affichaient leurs préférences pour un régime déchu.

L'administration, pour vous les imposer, recourt aux pratiques de la candidature officielle poussées à un degré jusqu'ici inconnu. Et le ministère croit que de pareils procédés peuvent réussir dans le pays de l'honnêteté, de l'indépendance et de la franchise !

Non, chers Concitoyens, vous savez bien quelle est la gravité de vos décisions.

La France va engager ses destinées dans les élections pour lesquelles vous êtes convoqués après une si longue attente.

La Chambre qui va être élue ne verra son mandat expirer qu'en 1881, d'accord avec le Sénat elle aura à élire le président de la République et à décider si la Constitution doit être revisée.

Si le pays, se laissant tromper par des ennemis de la République, confiait son avenir à une Chambre telle que la souhaite le ministère du 17 mai, les monarchistes des deux Chambres s'empresseraient de reviser la Constitution et de détruire le seul gouvernement compatible avec la souveraineté nationale et le suffrage universel loyalement pratiqué.

Que feraient-ils ensuite de la France tiraillée entre les ambitions rivales des diverses dynasties qui aspirent à reprendre le pouvoir, déchirée par les discordes civiles, et entraînée vers une politique qui inspire la défiance des nations voisines ?

Tout patriote frémit à la pensée d'un tel avenir.

Mais notre pays ne s'y laissera pas conduire. Il est éclairé par ses récents malheurs et sait ce qu'il en coûte de s'abandonner à un pouvoir personnel, en se privant de garanties qui lui assure un Parlement indépendant et dévoué.

La France ne permettra pas qu'on la surprenne, et qu'on la contraigne à se déjuger. Elle restituera à ses élus républicains de 1876 le mandat qui a été brisé avant son terme.

Dois-je, chers Concitoyens, avant de terminer cette lettre, vous parler de moi ?

Vous me connaissez tous ; vous m'avez deux fois honoré de votre confiance et vous savez si j'en suis resté digne.

Je voudrais replacer sous vos yeux une circulaire de février 1876 ; vous y retrouveriez l'expression de mon dévouement à la République, dont le principe devra rester incontesté, quand viendra l'heure de reviser la Constitution.

Vous y retrouveriez aussi l'indication de nos vues sur les questions d'ordre politique et moral, sur les questions d'affaires, sur les questions de finances. J'ai eu maintes fois depuis, l'occasion de les affirmer dans les travaux que la Chambre m'a confiés.

Vous avez suivi vos mandataires dans leur vie parlementaire et vous savez que votre député a reçu de ses collègues, en 1876 et en 1877, l'honorable mission de secrétaire de la Chambre et de rapporteur du budget.

Si je me permets de vous le rappeler, c'est que nos adversaires aiment à contester les titres que nous pouvons avoir à votre confiance. C'est aussi que je vous dois compte de mes efforts pour me montrer digne de votre mandat.

Votre dévoué concitoyen,

SADI CARNOT,

Député sortant, ingénieur des ponts et chaussées.

Nolay, le 27 septembre 1877.

Le maréchal Président avait adressé un manifeste « au Peuple français » le 19 septembre. Il lui en adressa un second le 11 octobre.

Ces deux documents recommandaient aux électeurs de voter pour les candidats officiels, et ceux-ci poursuivaient une campagne acharnée contre les républicains.

Violemment et fort injustement attaqué dans une circulaire de son concurrent officiel et bonapartiste, à la veille du scrutin, Sadi Carnot répondait :

Chers Concitoyens,

J'aurais voulu que, dans les circonstances où nous sommes, la lutte électorale restât calme, sérieuse et loyale.

Il paraît qu'il n'en peut être ainsi quand on a affaire au parti bonapartiste, auquel appartient M. Gabriel Benoît-Champy, quoiqu'il n'ose pas l'avouer cette année.

En 1876, des inconvenances, qui vous ont tous indignés, étaient lancées contre M. le marquis de Villers-Lafaye.

Aujourd'hui on vous adresse une circulaire où sont entassés les mensonges et les injures ; et on espère que, distribuée la veille du scrutin, cette circulaire restera sans réponse.

Vous avez déjà, chers Concitoyens, fait justice de pareils procédés ; et, avant l'heure du vote, je n'ai plus que quelques mots à vous dire de cette manœuvre qui ne sera peut-être pas la dernière.

On se permet de parler d'hypocrisie, et on cache son opinion ; et on ne paraît pas quand on est invité à dire loyalement ce qu'on pense, en face de tous, dans une réunion publique. Sans doute il est plus commode de se faire présenter, en petit comité, par M. le préfet.

On lance dans la lutte électorale M. le maréchal de Mac-Mahon ; on vous envoie son image, à cheval, accolée à un pamphlet anonyme dont la justice connaît trop bien l'auteur. On oublie que la Constitution ne reconnaît de responsabilité au Président que pour *haute trahison*, et on s'étonne de me voir attaquer seulement le ministère responsable.

On se glorifie de l'Exposition universelle, comme si vous ne saviez pas qu'un ministère républicain l'a conçue, l'a entreprise et y a convié les nations.

On vous parle de dix-sept députés [1] qui, en 1871, ont protesté contre la mutilation de la patrie. Ils étaient *cent sept ;* et ce n'est pas dans ce pays d'honneur et de patriotisme qu'on me reprochera d'avoir été au nombre des cent sept.

Il est un parti déchu que, par un vote solennel, l'Assemblée de 1871 a déclaré *responsable de la ruine, de l'invasion et du démembrement de la France.* Est-ce bien à ce parti qu'il convient de vous parler de la guerre ?

Il avait dit : *l'Empire, c'est la paix.* Vous en avez jugé depuis dix-huit ans ; et vous savez ce qu'ont coûté les plébiscites.

Mais ce parti a toutes les audaces :

Il va jusqu'à prononcer les mots de violence et d'usurpation, lui qui a dans son histoire le crime du 2 décembre, les transportations et les commissions mixtes.

---

[1] Voici la phrase textuelle de M. Benoît-Champy, contenue dans son manifeste et à laquelle il est fait allusion :

« D'un autre côté, vous vous rappelez ces temps néfastes où les hommes du 4 septembre, usurpant par la violence le pouvoir à la faveur de l'invasion.... continuaient une guerre insensée, refusaient la paix et envoyaient mourir vos enfants dans la neige, sans pain, sans armes, sans habits ; vous vous souvenez enfin qu'au jour désiré de la paix, dix-sept (en toutes lettres) députés ont osé la refuser et voter pour *la guerre à outrance.* » C'est ainsi que M. Benoît-Champy écrivait l'histoire.

Ne vient-on pas aussi, dans la circulaire à laquelle je réponds, vous parler d'affaires et vous dire qu'elles sont paralysées !

Vous savez aussi bien que moi qui a mis tous vos intérêts en souffrance.

Vous n'ignorez pas davantage comment se conduit, depuis bientôt cinq mois, une administration partiale et tracassière. Je vous ai entendu répéter dans toutes nos communes : « Que serait-ce donc si, par malheur, ces hommes devenaient les maîtres ! »

Ils ne le seront pas, chers Concitoyens. La France sera définitivement soustraite à une minorité qui prétend s'imposer. Vous ferez taire par vos votes les compétitions dynastiques.

La Constitution républicaine, avec une Chambre résolue à la faire respecter, assurera au pays le calme et la paix, aux citoyens la liberté et l'ordre, aux affaires la sécurité et la confiance.

C'est vous qui allez décider, le 14 octobre, de l'avenir de la France.

Le pouvoir personnel l'avait conduite à sa ruine. Vous n'abdiquerez plus vos libertés et le droit que vous avez reconquis de vous gouverner.

Votre dévoué concitoyen,

SADI CARNOT,

Député sortant, ingénieur des ponts et chaussées.

Nolay, le 10 octobre 1877.

Le 14 octobre eurent lieu les élections. Malgré les efforts du gouvernement en faveur du candidat officiel, Sadi Carnot fut réélu avec cent cinquante voix de plus que l'année précédente.

La Chambre, en reconstituant son bureau, ne manqua pas de reprendre Sadi Carnot pour l'un de ses secrétaires.

Au commencement de 1878, il fut nommé membre de la Commission du budget et rapporteur pour celui des travaux publics. Il fut chargé en outre, par cette commission, du rapport spécial pour le rachat des 2 615 kilomètres de chemin de fer qui prirent le nom de réseau de l'État. Ainsi désigné par ses collègues, Sadi Carnot ne devait pas tarder à entrer dans le gouvernement.

Dans les premiers jours de janvier 1879, le maréchal de Mac-Mahon, trop impopulaire, se trouvant forcé de résigner ses pouvoirs de président de la République, adressa aux Chambres, une lettre de démission dans laquelle il *disait :*

« Dès l'ouverture de cette session, le ministère vous a présenté un programme des lois qui lui paraissaient, tout

Maréchal de Mac-Mahon.

en donnant satisfaction à l'opinion publique, pouvoir être votées sans danger pour la sécurité et la bonne administration du pays. Faisant abstraction de toute idée personnelle, j'y avais donné mon approbation, car je ne sacrifiais aucun des principes auxquels ma conscience me prescrivait de rester fidèle.

« Aujourd'hui le ministère, croyant répondre à l'opinion

de la majorité dans les deux Chambres, me propose, en ce qui concerne les grands commandements militaires, des mesures générales que je considère contraires aux intérêts de l'armée, et par suite à ceux du pays. Je ne puis y souscrire.

Jules Grévy.

« En présence de ce refus, le ministère se retire. Tout autre ministère pris dans la majorité des Assemblées m'imposerait les mêmes conditions.

« Je crois dès lors devoir abréger la durée du mandat qui m'avait été confié par l'Assemblée nationale. Je donne ma démission de président de la République.

« En quittant le pouvoir, j'ai la consolation de penser que

7

durant les cinquante-trois années que j'ai consacrées au service de mon pays comme soldat, et comme citoyen, je n'ai
jamais été guidé par d'autres sentiments que ceux de l'honneur et du devoir, et par un dévouement absolu à la patrie. »

Le 30 janvier 1879, M. J. Grévy, qui était alors président
de la Chambre, fut élu président de la République.

Monument de Denfert-Rochereau, à Saint-Maixent.

Le 4 février, le nouveau président forma un ministère à
la tête duquel il plaça M. Waddington, qui appela M. de
Freycinet aux travaux publics. Ce dernier prit Sadi Carnot
comme sous-secrétaire d'État. Le député de la Côte-d'Or
conserva ces fonctions jusqu'en septembre 1880 avec
M. Varroy, ministre des travaux publics, M. de Freycinet
ayant été appelé à la présidence du conseil. Comme sous-
secrétaire d'État il fut délégué, le 16 mai 1880, pour représenter à Saint-Maixent le gouvernement de la République
à l'inauguration du monument Denfert-Rochereau. Il fit
entendre à cette occasion ces nobles et patriotiques paroles :

« Cette fête patriotique ne doit pas se terminer sans que le gouvernement de la République joigne son hommage à ceux que vous apportez au défenseur de Belfort.

« Il y a quelques mois, le 22 septembre 1879, il faisait entendre sa voix parmi les braves populations de l'Est, au pied de la statue de Montbéliard, dans la région même qui vit à l'œuvre le colonel Denfert-Rochereau. Le gouvernement n'a pas moins à cœur de saluer la mémoire de votre illustre compatriote dans sa ville natale, au milieu des amis qui ont le droit de se montrer fiers de lui.

« Une part de reconnaissance nationale est due aux cités qui virent naître les grands patriotes, et c'est cette reconnaissance dont le gouvernement républicain a tenu à envoyer l'expression à la ville de Saint-Maixent, au nom de la France entière, en me chargeant de l'associer à vos manifestations et d'applaudir à votre heureuse initiative.

« On vous a rappelé tout à l'heure cette belle parole qui suivra le nom Denfert dans la plus lointaine postérité. Nous connaissons l'étendue de nos devoirs envers la France et la République, et nous saurons les remplir.

« Si la ville de Saint-Maixent n'inscrit pas sur ses trophées cette noble devise, elle doit la graver dans la mémoire de ses enfants.

« Ils ne l'oublieront pas quand l'heure viendra pour eux de prendre leur place dans les rangs de notre armée nationale, qui est ici pour s'associer à vos solennels hommages et qui, chaque jour, prouve davantage son intime union avec la population civile, dans laquelle elle rentrera demain.

« Ils n'oublieront pas davantage la devise de Belfort dans l'accomplissement de leurs devoirs civils. A côté d'elle, ils retrouveront dans leurs souvenirs l'homme ferme, patient, inébranlable dans ses résolutions, le citoyen austère et digne dans sa conduite publique et privée, le modèle qu'ils doivent chercher à imiter.

« Notre pays aura toujours besoin de ces mâles vertus. Des fêtes nationales comme celle qui nous réunit sont une manifestation du patriotisme français, affranchi et rassuré par la République.

« Mais, si aujourd'hui le pays se sent maître de ses destinées, il a plus que jamais le devoir de se montrer digne de la liberté. Que cette statue fasse revivre dans nos cœurs le vaillant soldat, puis le représentant du peuple inaccessible aux faiblesses, et nous saurons comme lui nous dévouer au relèvement de la Patrie et avoir confiance dans les destinées de la France et de la République. »

Le 2 septembre 1880, M. Varroy quitta le ministère en même temps que M. de Freycinet, à la suite de dissentiments survenus dans le cabinet sur l'application des décrets du 29 mars 1880 aux congrégations non autorisées. M. J. Ferry remplaça le président du conseil et Sadi Carnot accepta le portefeuille des travaux publics qu'il conserva jusqu'au 14 novembre 1881.

Entré dans la politique depuis huit ans seulement, il arrivait à cette situation lourde de responsabilités à l'âge de quarante-deux ans. Sa nomination comme ministre fut approuvée par toute la presse.

Devenu ministre, Sadi Carnot continua à réaliser le programme qu'il s'était tracé comme sous-secrétaire d'État, et poursuivit l'exécution des grands travaux qu'il avait entrepris. Il parvint à triompher des difficultés de toute nature qu'avait soulevées l'application du fameux *plan Freycinet*.

L'éparpillement des travaux commencés à la fois sur tous les points du territoire, les dépenses considérables qu'ils entraînaient, en rendaient la direction particulièrement laborieuse et difficile. Mais ce qui aggravait surtout la lourde charge de ce département ministériel, c'étaient les incessantes réclamations des députés de chacun des arrondissements, demandant pour sa région un chemin de fer, un port, un canal, une route, dont l'utilité était parfois plus ou moins urgente.

Satisfaire l'un, c'était desservir l'autre. Sadi Carnot sut manœuvrer assez adroitement pour ne pas compromettre l'existence du cabinet.

Cependant, les travaux publics n'absorbaient pas exclusivement le ministre.

A Compiègne, le 10 octobre 1880, il représenta le gouvernement aux fêtes et à l'inauguration de la statue de Jeanne d'Arc. Le discours qu'il prononça, en l'honneur de l'humble et vaillante héroïne, fut un hommage à la Démocratie et à la Paix. Il rappela « *ce miracle du patriotisme qui avait fait sortir la libératrice d'entre les paysans et les faibles, alors que la nation déchue était sur le point de périr entre les mains des grands et des puissants* ».

« Aucun de vous ne se méprendra, ajoutait-il, sur les intentions qui animent le Gouvernement, lorsqu'il vient prendre part à cette belle manifestation patriotique : profondément pénétrés de la volonté de la France, tous les membres sont unanimes pour vouloir le maintien de la paix et fermement résolus à poursuivre cette politique sage et prudente qui a permis à la nation de réparer ses désastres.

« Quoi qu'en puissent dire tous ceux qui tentent d'agiter le pays et de donner le change à l'opinion publique, nous voulons ardemment conserver à la France cet inestimable bienfait de la paix, au dehors comme au dedans.

« Mais le gage de la paix est dans la force morale comme dans la force matérielle des nations, aussi bien que dans la volonté des gouvernements.

« Et la force morale d'un peuple grandit quand il sait honorer les belles vies qui ont été consacrées à la défense de la patrie, à la résistance contre l'invasion.

« Nous sommes donc certains de répondre aux sentiments de la France, en associant le gouvernement de la République aux hommages, que vous rendez à la noble

femme qui s'est dévouée pour elle, il y a quatre cent cinquante ans, à l'héroïque Jeanne d'Arc ! »

Peu de temps après, le 30 octobre 1880, Sadi Carnot se
rendait à Dunkerque à l'inauguration du nouveau *bassin de
Freycinet* et, le 4 janvier 1881, à Limoges pour présider à la
cérémonie d'ouverture de plusieurs lignes de chemin de
fer. Déjà les actes et les paroles du ministre des travaux
publics lui avaient concilié toutes les sympathies françaises.
Il fut reçu à Limoges, sa ville natale, avec les marques de
la plus courtoise déférence et de la plus affectueuse estime,
non seulement par les autorités, mais encore par la population et surtout par les nombreux ouvriers de cette ville.

La session de 1881 prit fin le 29 juillet. C'était la dernière de la Chambre élue en 1877, à la suite du 16 mai,
et dont le mandat allait expirer.

Les élections nouvelles eurent lieu le 21 août 1877. Sadi
Carnot, candidat pour la quatrième fois, écrivit à ses électeurs une lettre qui est comme un résumé historique des
quatre années écoulées sous la législature de la Chambre
de 1877 et un exposé des réformes nécessaires, des progrès
à réaliser et des aspirations de la démocratie française :

Lorsqu'en octobre 1877 vous m'avez confié la mission de défendre
vos institutions menacées et de combattre la coalition monarchique
qui prétendait s'imposer à la France, je vous disais que le suffrage
universel sortirait vainqueur de toutes les embûches et que la Constitution républicaine, avec une Chambre résolue à la faire respecter,
assurerait au pays le calme et la paix, aux citoyens la liberté et
l'ordre, aux affaires la sécurité et la confiance.

Si je vous rappelle ces paroles que je vous adressais à une époque
profondément troublée, c'est pour vous montrer tout le chemin parcouru depuis lors, et pour me féliciter avec vous d'avoir eu foi dans
l'avenir de notre chère patrie et de la République.

Je ne veux pas évoquer de tristes souvenirs et faire de nouveau
passer sous vos yeux les phases de cette campagne de près de cinq
mois, si violemment menée contre la France républicaine... Vous avez
tenu tête à tous ces procédés de la candidature officielle ; la France
s'est retrouvée et elle a élu les 363 à qui une voix autorisée rendait,
il y a quelques jours, cet hommage : *qu'ils ont bien mérité du pays.*

Statue de Jeanne d'Arc, à Compiègne.

Cette Chambre de 1877 a complété l'œuvre commencée par les électeurs : vous avez, par votre fermeté, repoussé les entreprises du *gouvernement de combat* ; elle a définitivement triomphé du pouvoir personnel ; et la France, avec un président aimé et honoré de tous, rentrée en pleine possession d'elle-même, jouit d'une liberté politique jusqu'ici inconnue, d'un ordre parfait et d'une paix féconde, qui font oublier les violences, les troubles, les inquiétudes d'il y a quatre ans.

De longs détails sur les actes de la Chambre que vous avez à remplacer ne sauraient trouver place dans ces lignes. J'en dois dire un mot cependant, puisque vous avez à juger vos mandataires.

Au point de vue politique et moral, voici leur œuvre principale : Effacer les traces des discordes civiles par l'amnistie ; consacrer les libertés politiques par les lois sur la presse, les réunions, le travail du dimanche ; restaurer les droits de l'État menacés par le cléricalisme ; répartir également les charges militaires ; développer dans une mesure inconnue jusqu'ici l'enseignement à tous les degrés ; décréter pour l'instruction primaire la gratuité. L'obligation et la laïcité ne tarderont pas à entrer définitivement dans la loi.

Après l'œuvre politique et morale, résumons l'œuvre matérielle : La Chambre de 1877 a travaillé à reconstituer les forces défensives du pays, rendu des drapeaux à son armée, refondu son régime douanier, revisé ses impôts de patente. Elle a doté la Caisse des chemins vicinaux comme la Caisse des écoles. Elle a enfin inauguré une ère nouvelle de grands travaux publics et préparé à la France un puissant outillage industriel, en ouvrant dès aujourd'hui un vaste champ à l'activité nationale. C'est avec un sentiment de profonde reconnaissance pour vous, mes chers concitoyens, que je mentionne cette partie de l'œuvre à laquelle je vous dois d'avoir pu contribuer.

La tâche financière de la Chambre n'a pas été moins féconde. Vous savez avec quelle sollicitude on s'est préoccupé de la bonne gestion des deniers publics et de la réduction de vos charges. Vous savez que, sous diverses formes, l'impôt annuel a été dégrevé de 300 millions et qu'en même temps on a assuré l'amortissement de la dette léguée par le passé et grossie par les désastres de 1870.

Ce résumé vous montre que les quatre dernières années n'ont pas été perdues. Rapprochez la situation de la France en 1877 de sa situation présente, vous serez doublement convaincus.

Cependant, si la Chambre qui vous rend ses comptes a beaucoup fait pour la sécurité, pour l'honneur et pour la prospérité du pays, elle laisse beaucoup à faire à la Chambre qui lui succédera, et qui, il faut l'espérer, ne verra pas comme sa devancière une opposition puissante pour entraver ses efforts et enlever à sa politique l'unité et la décision sans lesquelles on n'aboutit pas.

Une nation recule quand elle n'avance plus. La démocratie française compte sur un avenir de progrès ; elle veut des réformes dans l'ordre judiciaire et politique, dans l'ordre économique et commercial, dans l'ordre militaire et financier. Ces réformes sont nécessaires ; ces progrès s'imposent.

Vous avez à choisir les hommes qui auront charge de les réaliser, et vous leur donnerez mandat de marcher en avant avec résolution sans compromettre les résultats acquis, de préparer, avec le Sénat où le renouvellement partiel va bientôt créer une ferme majorité, les améliorations que commande l'expérience dans notre loi fondamentale.

Vous laisserez passer les clameurs des derniers fidèles des régimes déchus, battant en brèche une Constitution qu'ils n'ont pas votée et à l'abri de laquelle nous avons fait, en dépit de leurs efforts, une République puissante et respectée ; et vous enverrez à la Chambre une majorité compacte, aussi dévouée au progrès qu'éloignée des théories vides et trompeuses, une majorité capable de réaliser avec maturité les réformes qui s'imposent, et assez forte pour ne plus redouter de voir ses résolutions à la merci des coalitions volontaires ou accidentelles.

Je n'ai pas besoin de vous dire, mes chers concitoyens, après avoir été trois fois votre mandataire, que ma place sera dans cette majorité, si vous me faites l'insigne honneur de me renouveler un mandat que j'ai rempli avec un entier dévouement à la patrie et à la République.

   Votre dévoué concitoyen,

          Sadi Carnot,

           Député sortant.

  Nolay, 10 août 1881.

Sadi Carnot fut réélu à une superbe majorité.

En 1882, le député de la Côte-d'Or fit partie de la commission du budget et fut de nouveau chargé du rapport sur les travaux publics. En 1883, il devint président de cette commission du budget, c'est-à-dire élevé à la fonction parlementaire la plus importante que la Chambre puisse déléguer à l'un de ses membres. Il n'abandonna pas néanmoins ses travaux relatifs aux chemins de fer, aux routes et aux canaux, et produisit plusieurs grands rapports au nom des commissions des chemins de fer et des canaux, notamment sur le *canal du Nord*. Quelque temps auparavant, la Chambre l'avait choisi pour l'un de ses vice-présidents, poste où il fut maintenu en 1884.

Ainsi grandissait d'une manière continue, sans arrêt et sans coup d'éclat, le crédit de Sadi Carnot auprès de ses collègues. C'était plutôt un homme d'études qu'un orateur ; jamais il n'aborda la tribune qu'en cas d'absolue nécessité et sa méthode, toute mathématique dans la discussion, éclairait plus qu'elle n'entraînait ses auditeurs. Partisan de la stabilité ministérielle il avait, chaque fois que l'occasion s'en était présentée, fait de grands efforts, généralement couronnés de succès, pour maintenir les ministres républicains.

Ainsi, le cabinet de Freycinet ayant été renversé pour une question d'ordre très secondaire (affaire de la Mairie centrale), Sadi Carnot fit revenir la Chambre sur son vote en lui montrant l'imprudence qu'elle commettait au moment où les affaires égyptiennes devenaient inquiétantes et réclamaient toute la vigilance du Gouvernement.

« Dans les circonstances où nous sommes, avait-il dit, le Gouvernement qui parle à l'étranger au nom de la France, ne peut avoir une autorité amoindrie ; il faut qu'il représente notre pays, fort de la confiance du Parlement. Cette confiance, affirmée hier par un vote de crédits, a pu paraître affaiblie par une résolution de la Chambre sur une question politique d'ordre intérieur. Si le Gouvernement l'a ainsi compris, je lui demande de s'en expliquer devant nous avec la netteté que comportent les circonstances. »

Le cabinet Ferry renversé après l'accident de Lang-Son, auquel une dépêche attribuait les proportions d'une catastrophe, M. Henri Brisson fut chargé de constituer un nouveau ministère (6 avril 1885). Le 7 avril, le *Journal officiel* publiait la liste des nouveaux ministres.

Sadi Carnot y figurait comme titulaire du portefeuille des travaux publics. Quelques jours après, le ministre des finances s'étant retiré, le député de la Côte-d'Or prit sa place, et comme ministre des finances fit voter le budget en un délai extrêmement court.

Aux élections générales de 1885, Sadi Carnot porté par le congrès départemental républicain de la Côte-d'Or sur

Jules Ferry.

la liste de l'Union républicaine, fut élu au second tour par 55 833 voix sur 91 997 votants.

Il se présentait avec le programme suivant que nous citerons *in extenso* :

« Nous voulons affermir et développer les institutions que la France a conquises et dont elle n'entend pas se dépouiller.

« En face de la coalition des partis monarchiques qui cherchent à relever la tête après la condamnation du pays,

le patriotisme nous dicte le devoir de concentrer nos forces
et de rechercher ensemble le triomphe des idées qui nous
sont communes.

« Nous sommes unis dans une même pensée politique.

« Constituer une majorité de gouvernement qui puisse
assurer la réalisation des réformes nécessaires avec la stabilité du pouvoir et la confiance du pays dans son avenir ;

« Exiger de tous les citoyens la soumission aux lois du
pays ;

« Défendre avec résolution les droits de la société civile
contre toute invasion du cléricalisme ;

« Appeler le principal souci des pouvoirs publics sur les
réformes financières et économiques pour conjurer les
effets des crises dont souffrent le commerce, le travail, et
surtout la première de nos industries, notre agriculture, et
qui atteignent momentanément la prospérité de nos finances ;

« Appliquer nos efforts continus et persévérants à réduire
les charges publiques, à améliorer les conditions du travail, à faciliter et simplifier l'administration de la justice,
à réformer progressivement les défauts de notre système
fiscal ;

« Pour mener à bien ces transformations nécessaires,
éviter toute déperdition inutile des forces de la France au
dehors, sans permettre qu'il soit porté atteinte au patrimoine national, aux droits, aux intérêts du pays, à nos
traditions, à notre dignité de grande puissance.

« En dehors de cette politique de prudence et de raison,
nous ne voyons qu'aventures et déceptions. Depuis 1870,
la France se relève des désastres où l'empire l'avait conduite. C'est par l'ordre, par le travail, dans la sécurité et
dans la liberté républicaines, qu'elle reprend le rang qui
lui appartient ;

« Nous voulons poursuivre cette œuvre de relèvement. »

Fidèle à ces principes et marchant droit au but, Sadi

Carnot resta en quelque sorte étranger à toutes les intrigues, à toutes les luttes intestines qui ont divisé et divisent encore le parti républicain au Parlement.

Après la réélection de M. Grévy, le 28 décembre 1885, M. de Freycinet, chargé de constituer un autre cabinet, garda les affaires étrangères, qu'il avait dans le cabinet Brisson, et prit la présidence du conseil, en conservant quelques-uns de ses collègues, entre autres Sadi Carnot au ministère des finances (8 janvier 1886).

Pendant son séjour à ce dernier ministère, Sadi Carnot, qui avait eu de tout temps l'habitude d'assister aux fêtes données par les anciens élèves de l'École Polytechnique, fut appelé le 24 janvier, à présider la dix-neuvième assemblée générale de la Société amicale de secours des anciens élèves.

Il y prononça le discours suivant :

« Messieurs et chers Camarades,

« En prenant place à ce fauteuil, je me sens pénétré, tout à la fois, d'une profonde émotion et d'une vive reconnaissance pour le comité d'administration de notre société amicale. La présidence de cette réunion est, en effet, pour un ancien élève de notre chère école, un très grand honneur auquel beaucoup de nos camarades avaient plus de titres que celui qui vous parle.

« Si le comité m'en a jugé digne, c'est surtout, sans doute, parce qu'il sait mon dévouement absolu à l'immortelle création de la Convention et du comité de Salut public.

« Je me rends donc, mes chers camarades, à l'invitation qui m'a été adressée en votre nom, et je vous en remercie tous bien cordialement.

« Je ne saurais mieux vous prouver ma gratitude qu'en rendant un nouvel hommage à l'École Polytechnique, en rappelant brièvement ses origines et les immenses services dont le pays lui est redevable.

« A l'époque où éclata la Révolution française, l'enseignement qui devait préparer aux armes spéciales et aux diverses carrières du génie civil était disséminé dans un grand nombre d'écoles.

« L'établissement de Mézières recevait les futurs officiers du génie, dont les parents, suivant le langage du temps, pouvaient démontrer « qu'ils avaient toujours vécu noblement ». L'artillerie, promenée depuis trente ans de la Fère à Bapaume, s'était arrêtée à Châlons-sur-Marne. Trois écoles, à Paris, formaient les élèves destinés aux carrières des ponts et chaussées, des mines et des constructions navales. Une autre encore recevait les futurs ingénieurs géographes. Les tendances aristocratiques, les privilèges, la routine, les conditions défectueuses d'admission, l'insuffisance des leçons, tout concourait à abaisser le niveau du recrutement et des études dans ces multiples établissements d'où sortaient les officiers et les ingénieurs des corps savants.

« En 1793, la lutte redoutable que la France eut à soutenir, sur toutes ses frontières, contre les armées de l'Europe coalisée, obligea la Convention à mettre tous les ingénieurs civils à la disposition du ministre de la guerre. Cette nécessité patriotique fit concevoir à Lamblardie la pensée de créer une école préparatoire, commune à tous les services publics, où les ingénieurs civils, à côté des ingénieurs militaires, apprendraient les principes généraux des sciences et se prépareraient ensemble à servir leur pays.

« Cette grande pensée était bien faite pour enthousiasmer l'illustre Monge. Il s'en fit auprès du comité de Salut public, devant Fourcroy, Carnot et Prieur, le chaleureux avocat, et le comité à son tour en confia à Fourcroy la défense devant la Convention nationale. Le 7 vendémiaire an III fut votée, sur le rapport du célèbre savant, la loi d'organisation de l'école des travaux publics, plus tard École Polytechnique.

« Toutes les dispositions de cette loi étaient empreintes du plus pur libéralisme et conformes aux grands principes de 1789 : plus de privilèges ; le fils de l'humble artisan placé sur la même ligne que celui de l'ancien duc ou pair ; l'admission au concours ; la plus parfaite égalité entre les candidats ; une solde allouée aux élèves pour assurer cette égalité ; les classements réglés d'après le mérite, les emplois donnés exclusivement au concours, tels furent les traits caractéristiques de la nouvelle institution.

« L'enseignement fut organisé sur les bases les plus larges et confié aux hommes les plus éminents ; les collections, les laboratoires furent largement dotés par les soins de Prieur de la Côte-d'Or, qui doit, avec Monge, partager notre reconnaissance ; et, presque dès la première heure, l'École Polytechnique eut une réputation universelle et attira, comme auditeurs, dans ses amphithéâtres, les plus illustres savants et les plus grands hommes de guerre.

« Voilà, mes chers camarades, quelle fut l'origine de notre école, fille de la Révolution et du patriotisme. Jamais elle n'a failli à cette noble origine ; jamais elle n'a perdu le caractère élevé qu'ont su lui imprimer, dès le début, les grands citoyens qui furent ses fondateurs, caractère qui n'a cessé de faire sa force et sa grandeur.

« Les chaires ont continué à y être occupées par les savants les plus éminents ; l'enseignement s'y est constamment développé, suivant pas à pas les progrès de la science. Et les principes d'égalité, qui avaient inspiré sa création, y sont, comme au premier jour, restés en honneur.

« Une atteinte matérielle, cependant, fut portée en 1805 par Napoléon, au recrutement égalitaire de l'école. On exigea des candidats une forte pension, et on supprima la solde. Cette mesure froissa profondément la fibre populaire de Monge, qui voyait ainsi l'établissement national descendu des hauteurs où les décrets de la Convention l'avaient placé, et le privilège de la fortune se substituer à l'ancien privilège de caste. Là où le mérite intellectuel devait seul décider du sort des candidats, il voyait avec chagrin des conditions nouvelles rétrécir les accès. Impuissant à écarter une funeste innovation, il voulut au moins aider personnellement quelques déshérités de la fortune, et consacra à des bourses son traitement de professeur, quand son entrée au Sénat lui eut assuré l'aisance.

« Cette générosité si touchante a laissé dans notre école un reconnaissant souvenir que les promotions successives se transmettent avec un religieux respect.

« Un tel exemple devait être suivi : l'État, l'école elle-même ont, à leur tour, institué des bourses qui rendent les examens accessibles à tous, et qui ont maintenu parmi nous la tradition démocratique léguée par la Convention nationale.

« Ce n'est pas seulement dans les conditions officielles de recrutement et de classement que règne l'égalité : elle a surtout sa place dans le cœur des élèves. Vivant côte à côte ; confondus dans les mêmes rangs, soumis aux mêmes labeurs et aux mêmes épreuves ; nourris des mêmes sentiments d'honneur, de désintéressement, de dignité, de discipline et de dévouement au pays ; s'inspirant des exemples de leurs devanciers, ils s'estiment et s'aiment ; ils ne forment qu'une grande famille profondément unie où on n'admet que les distinctions dues au mérite ou aux services rendus.

« Tel est, mes chers camarades, le secret de la solidarité fraternelle dont nous avons aujourd'hui même sous les yeux une si touchante affirmation.

« Bien aveugles sont les détracteurs qui reprochent à l'École son prétendu caractère aristocratique, et lui font un grief de cette solidarité, de cet esprit de corps et de famille transmis comme un pieux héritage, de promotion en promotion et de génération en génération. Quand l'esprit de corps impose la dignité de la vie, le respect du devoir et l'amour de la patrie, l'esprit de corps est un noble mobile, une force qu'il faut bien se garder d'amoindrir. Ils ne savent pas assez, ceux qui nous reprochent d'être unis, quel est le mot de la franc-maçonnerie polytechnicienne : « *Patrie, Honneur et Probité* ». Ils ne savent pas avec quelle rigueur la famille elle-même condamne les égarés qui ont le malheur de forfaire aux devoirs qu'elle impose.

« Il faudrait, mes chers camarades, parcourir toute l'histoire de l'école pour montrer comment, à toutes les époques, depuis son origine, elle est restée fidèle à ces grands devoirs ; il faudrait rappeler les services qu'elle a rendus à la France, faire passer sous vos yeux les noms de nos anciens qui se sont voués à sa défense ou à sa gloire. Aux jours de malheur, vous la trouveriez à son poste d'honneur : en 1814, aux buttes Chaumont, pour défendre la capitale ; pendant l'année terrible, qui nous a coûté l'Alsace et la Lorraine, vous la verriez partout où elle pouvait servir le pays. Les adversaires les plus décidés de l'école ont dû faire trêve à leurs rancunes devant la patriotique intervention de tous ses fils solides, et Gambetta lui rendait hommage au nom de la Défense nationale.

« Les bornes de cet entretien, chers camarades, ne me permettent pas de faire même une simple énumération des noms que vous trouveriez gravés à toutes les pages de notre histoire, des glorieux officiers, des savants illustres, des habiles administrateurs qui ont acquis sur les bancs de notre école les moyens de servir utilement leur pays, et d'apporter leur contingent à sa gloire et à sa prospérité.

« Je vous retiendrais trop longtemps et je veux me borner à rappeler à votre souvenir ému quelques-uns de nos anciens que la mort nous a ravis au cours de ces dernières années.

« Vous voyez encore à cette place la grande figure de Léonce Raynaud, qui a tant fait pour l'humanité en organisant son admirable système d'éclairage de nos côtes et qui a pris place à côté d'Augustin Fresnel. Vous vous rappelez ses belles leçons d'architecture, son rôle considérable dans l'enseignement de l'École et aussi dans la création et dans le développement de notre société amicale. Il a laissé, comme directeur des phares, une œuvre qui est un modèle non seulement pour la France, mais pour le monde civilisé, et il a porté par delà les mers une réputation qui rejaillit sur l'École Polytechnique.

« Au nom de Raynaud se joint naturellement celui de Dupuy de Lôme, qui présidait encore, il y a trois ans, notre assemblée générale. On n'a pas à rappeler ici les monuments de la science et du talent de l'ingénieur qui a tant contribué aux progrès de l'art des constructions navales.

« Je dois un hommage tout particulier au dernier président de notre comité, au regretté Rolland, directeur général des manufactures de l'État, qui a montré autant de science que de dévouement dans une œuvre d'organisation à laquelle le Trésor national est si largement redevable.

« Vous parlerai-je d'un illustre mort, dont vous avez, il y a quelques mois à peine, suivi les funérailles aux Invalides, du valeureux amiral Courbet, qui a naguère relevé et couvert de gloire le drapeau français dans l'Extrême-Orient ?

« Citerai-je le général de Reffye, qui a pris une part si prépondérante dans la transformation de notre armement et qui a laissé des émules dignes de lui ?

« Rappellerai-je, à ceux qui lui rendaient les derniers honneurs en novembre 1885, le nom du colonel Mangin, dont les travaux honorent le corps du génie ? Les services qu'il a rendus à son pays par ses découvertes sur la projection de la lumière à grande distance, sur la télégraphie optique et l'aérostation militaire, lui réservent une place dans le souvenir reconnaissant de ses camarades.

« Pour ne citer, parmi ceux qui ne sont plus, que nos anciens, enlevés depuis quelques années à notre affection, j'aurais bien des noms à prononcer qui honorent toutes les carrières savantes de notre société civile et militaire. Mais je ne veux pas prolonger cet entretien qui a déjà trop duré, et je me garderai surtout de prononcer les noms des camarades que nous avons le bonheur de posséder encore et qui sont les dignes émules de ceux qui les ont précédés dans la carrière. Ils ne me pardonneraient pas d'avoir appelé sur eux vos regards. Qu'il me suffise de dire, avec autant de joie que d'orgueil, que les services civils et militaires comptent, aujourd'hui comme hier, des membres qui font honneur à l'École Polytechnique. Cette école est et sera toujours « *la Poule aux œufs d'or* » dont l'image orne la cheminée de notre salle du conseil. Jamais les pouvoirs publics n'y porteront la main : ils tariraient du même coup une des sources vives de la puissance nationale.

« L'un de ses principaux mérites, je ne saurais trop y insister, est son désintéressement sans réserve. A d'autres les satisfactions matérielles, le bruit et l'éclat dont on fait retentir la presse ! Les polytechniciens effacent leurs personnes : avec une généreuse abnégation, ils répudient tout esprit de lucre, donnent libéralement à la Patrie leur temps, leurs efforts, au besoin leur santé et leur vie. Leurs plus belles découvertes sont dans le domaine public ; ils ne cherchent d'autre récompense que l'estime de leurs concitoyens et le sentiment du devoir accompli.

« *Tout pour le pays* », telle est leur devise.

« Nous garderons fidèlement, mes chers camarades, les traditions que nous ont léguées nos devanciers ; nous conserverons la flamme sainte qui brûlait dans leur cœur.

Nous ne laisserons point s'affaiblir leurs sentiments de solidarité, d'honneur, de probité et d'ardent patriotisme.

« Notre chère École, digne de son origine, pourra ainsi braver toutes les attaques, maintenir sa vieille popularité et demeurer une des plus solides assises de la République. »

Après ce discours, chaleureusement accueilli et fréquemment interrompu par les applaudissements, le ministre des finances reçut de son auditoire d'élite les marques d'une vive et cordiale sympathie.

Cette même année, malgré toutes les difficultés qu'il y avait dans les finances, Sadi Carnot présenta aux Chambres un projet de budget qui eut le grand et rare mérite de la franchise et du courage. En dépit de cette loyauté sans égale, la Chambre, voulant remédier au mal par des économies impossibles, ne comprit pas ce dévouement, et le ministère Freycinet fut renversé (3 décembre 1886).

Ce ministère revint au pouvoir quelque temps après, presque en entier, avec M. Goblet comme président du conseil. Quant à Sadi Carnot, il ne revint pas sur sa démission et reprit sa place de simple député.

Pour mieux suivre Carnot dans les différentes étapes de sa vie politique, nous avions abandonné pour un instant les exemples de nombreuses vertus dont s'émaille cette existence si pure. Nous allons voir reparaître ces exemples dans la suite de cet ouvrage, dans la partie intitulée : Présidence de la République.

CHAPITRE VII

PRÉSIDENCE DE LA RÉPUBLIQUE. — PROBITÉ

En 1887, trois mois après la chute du ministère Freycinet, la Chambre, rendant hommage à la droiture et à la
sûreté de vues de l'ancien ministre des finances, nomma,
en tête de liste, Sadi Carnot membre de la commission
du budget.

Le 17 mai, le ministère Goblet tomba sur une question
d'économie et ne fut remplacé que le 31 mai. M. Maurice
Rouvier, ancien président de la Commission du budget, se
présenta devant le Parlement avec un cabinet dont il était le
chef et où il figurait comme titulaire du portefeuille des
finances.

Pendant cette année, des événements imprévus vinrent
absolument changer le cours de la vie de Sadi Carnot.

Le député de la Côte-d'Or avait été mis en lumière par
une révélation de M. Rouvier qui rehaussa son prestige
déjà si grand, et donna à toute la France une haute idée de
son intégrité.

Il est étrange d'être obligé, en parlant d'un homme politique, de consacrer un chapitre à une qualité aussi essen-
tielle que la probité. Mais on a vu, de notre temps, tant de
scandales politiques, tant de renommées flétries qu'on
croyait pures, qu'il est bon de reposer sa vue sur d'aussi
nobles figures que celle de Sadi Carnot. Sa probité fut hautement proclamée dans les circonstances suivantes.

Dans la séance du 5 novembre, à la suite d'incidents qui
devaient amener la chute du président Grévy, une révéla-

tion faite à la tribune par M. Rouvier mit en lumière la haute probité de Carnot, et permit à la Chambre de la reconnaître publiquement. M. Rouvier discutait la motion tendant à nommer une commission d'enquête pour juger certains faits scandaleux dont s'étaient rendus coupables divers personnages politiques familiers à l'Élysée. Il signalait la restitution, accordée contre toute justice, de droits légitimement perçus par le Trésor. Et, en opposition avec la conduite du ministre prévaricateur, il plaça celle d'un autre ministre qui avait su résister à toutes les influences, et s'affranchir des plus pressantes sollicitations : « *Oui, dit-il, il ressort du dossier, qu'un de mes prédécesseurs, l'honorable M. Sadi Carnot, au mois de novembre 1886, a refusé de prescrire la restitution d'une somme de 40.000 francs payée au Trésor pour droits d'enregistrement, et dont on lui demandait le remboursement.* »

A ces paroles du président du conseil, tous les regards se portèrent sur Carnot, et une salve d'applaudissements unanime, de l'extrême droite à l'extrême gauche, honora l'homme intègre dont la conscience était sans reproches, et le caractère sans défaillances. Certes, l'ancien ministre des finances n'avait fait que son devoir, et peut-être, en d'autres temps, l'acte qu'on glorifiait n'eût pas même été remarqué. Mais on venait d'assister à un tel débordement de turpitudes dans les sphères les plus élevées du pouvoir, que ce simple fait eut une grande importance sur l'avenir politique de Sadi Carnot.

Quelque temps après, M. Grévy tombait, à la suite du mécontentement général soulevé par certains scandales qu'il est inutile de rappeler ici.

N'était-il pas urgent de réparer le mal en portant à la présidence de la République celui dont l'intégrité venait d'être mise en relief par des événements récents ?

N'était-il pas utile d'avoir un président jeune, d'une attitude indépendante et ferme au milieu des compétitions de coteries et des rivalités de groupes ? Un président, qui, tout en se renfermant dans son rôle constitutionnel, saurait exercer une influence discrète, rendre un peu de vie à la plus haute magistrature de l'État, représenter la République comme il convient, avec un éclat de bon aloi et la faire respecter en sa personne ?

Le nom de Sadi Carnot fut alors mis en avant.

Quelques membres de l'Assemblée nationale firent cependant une légère opposition. On craignait surtout que Sadi Carnot ne fût pas suffisamment connu du peuple, tout en admettant néanmoins que c'était un nom sur lequel l'entente pouvait se faire sans difficulté.

Mais le candidat lui-même était-il disposé à accepter les suffrages qui s'offraient à lui ? Quand on vint le trouver pour lui faire cette proposition inattendue, il hésita longtemps. Il protesta même contre cet excès d'honneur qu'il conseilla de conférer à de plus dignes. Ses amis lui expliquèrent que sa candidature, dans les circonstances présentes, s'imposait et qu'elle pourrait seule amener l'union du parti républicain. Carnot répondit, avec sa modestie et sa fermeté habituelles, ces phrases qui sont un exemple de modeste soumission au bien général :

« Je sais qu'il faut un candidat qui réunisse au Congrès, sans coup férir, cinq cents voix républicaines. Si les électeurs croient que je puisse être ce candidat, je ne me déroberai pas et je ferai tous mes efforts pour être à la hauteur d'un si grand devoir. Les devoirs sont plus forts que les amitiés, et je ne m'arrêterai devant aucune considération de cet ordre. Mais je ne ferai ni un pas, ni une démarche, pour rechercher le succès. »

Les visiteurs de Sadi Carnot emportèrent la réponse qu'ils désiraient : l'acceptation du député de la Côte-d'Or.

Les deux principaux candidats, MM. Jules Ferry et de Freycinet, se partagèrent les scrutins préparatoires du 2 décembre au soir et du lendemain.

Enfin, le 3 décembre, le Congrès se réunit, à deux heures, au Palais de Versailles.

Les membres de l'Assemblée nationale étaient au nombre de 852.

Sur 852, dont 849 votants, le premier tour de scrutin donna : 303 voix à Sadi Carnot ; 212 à M. J. Ferry ; 148 au général Saussier ; 76 à M. de Freycinet, etc.

Personne n'ayant obtenu la majorité absolue, on procéda à un second tour de scrutin. Pendant que recommencèrent les opérations du vote, M. Jules Ferry s'approcha du banc où Sadi Carnot s'était assis, lui serra la main et lui déclara, à haute voix, qu'il se désistait en sa faveur. Cette conduite conforme à la solidarité républicaine fut saluée par une salve d'applaudissements.

Au même instant, M. de Freycinet informa ses nombreux amis qu'il se désistait également.

Le résultat n'était donc plus douteux. Par un sentiment d'extrême délicatesse, Sadi Carnot sortit de la salle des séances.

Après le dépouillement du second scrutin, le président du Congrès proclama le résultat : votants, 842 ; bulletins blancs ou nuls, 15 ; MM. Sadi Carnot, 616 voix ; général Saussier, 188 ; Jules Ferry, 11 ; de Freycinet, 5, etc.

Une immense acclamation s'éleva :

Vive la République ! Vive Carnot !

Le calme rétabli, le président du Congrès, M. Le Royer, prononça la formule d'usage :

« M. Sadi Carnot ayant obtenu la majorité des suffrages, je le proclame président de la République pour sept années. »

De nouveaux applaudissements retentirent.

Le choix de Sadi Carnot fut donc le résultat d'une heureuse inspiration. Son élection est due à un de ces moments, trop rares chez les hommes politiques, qui leur font placer l'intérêt du pays au-dessus des mesquines rivalités et des compétitions personnelles.

La première personne qui, sortant de la salle des séances, courut annoncer à Sadi Carnot, qui attendait, à l'écart, le

Le Royer, président du Congrès.

résultat du scrutin, ce fut son père, Hippolyte Carnot. Tous deux se jetèrent dans les bras l'un de l'autre et, après quelques minutes d'une effusion bien naturelle, Hippolyte Carnot, d'abord ému au point de ne pouvoir prononcer une parole, dit à son fils :

« Quelle joie pour moi, mon cher enfant ! Maintenant c'est toi qui dois t'appeler Carnot ; car à partir d'aujourd'hui tu es devenu le chef de la famille. »

Il avait le droit d'être fier, en effet, ce vieillard si justement soucieux de la renommée de son grand nom. La monarchie héréditaire n'a pas toujours eu la bonne fortune, malgré ses lois, de voir se succéder trois des siens, sans interruption, de père en fils.

Le président de l'Assemblée, le président de la Chambre et les ministres arrivèrent à ce moment annoncer au député de la Côte-d'Or le vote du Congrès.

M. Rouvier, chef intérimaire du pouvoir exécutif, en présentant à Sadi Carnot le procès-verbal de la séance, félicita à son tour le nouvel élu qui répondit :

« Messieurs,

« Je vous remercie profondément des félicitations et des sentiments que vous voulez bien m'exprimer.

« Je suis pénétré de reconnaissance envers les membres de l'Assemblée nationale, qui, en réunissant leurs suffrages sur mon nom, ont si hautement témoigné du désir de pacification et de concorde dont la France républicaine est animée. Mon vœu le plus cher, est que cette grande journée reste présente à tous les esprits et à tous les cœurs. Elle signifie que les représentants de la France savent s'unir.

« Leurs efforts communs peuvent et doivent assurer la constitution et la marche régulière d'un gouvernement stable, actif, et capable de donner à la nation, avec la liberté au dedans et la dignité au dehors, tous les bienfaits que notre pays attend de la République.

« Encore une fois, merci, messieurs, vous pouvez compter sur tout mon dévouement. »

Le soir même, le nouveau président, suivi de tous les ministres et escorté par la troupe, revint de Versailles à Paris.

A neuf heures, la voiture présidentielle pénétra dans la cour de l'Élysée. Quelques instants après, accompagné du général Brugère, Sadi Carnot se rendit, avenue d'Iéna, près de M. Grévy. Ce ne fut que vers onze heures du soir qu'il rentra à son domicile particulier.

Le nouveau président arrivait au pouvoir dans des circonstances très délicates ; car les incidents qui avaient déterminé la retraite de son prédécesseur avaient éveillé les susceptibilités de l'opinion.

Dès les premiers jours, le problème le plus difficile s'imposait à l'attention du chef de l'État.

Il s'agissait de former un ministère qui donnât satisfaction aux inquiétudes de l'esprit public.

En raison de l'union qui s'était faite sur son nom, Sadi Carnot pensa qu'il était juste d'essayer, pour faire la concentration des forces républicaines, d'un cabinet entièrement nouveau et qui pût s'appuyer dans les deux Chambres, sur une majorité décidée à l'apaisement. Le choix fut long et pénible. Il consulta successivement tous les hommes considérables du parti républicain. Pénétré de l'importance de ses premiers choix, il voulut s'entourer de tous les conseils et faire œuvre durable.

Dans son entretien avec un des hommes éminents du parti républicain, il fit la déclaration suivante :

« Je ne me fais pas d'illusions, on a choisi un des plus modestes soldats de l'armée républicaine pour l'élever à la première magistrature de la République ; mais ce que je puis dire, c'est que je trouverai dans la droiture de ma conscience et le sentiment de mon devoir, la force nécessaire pour essayer d'accomplir la mission qui m'incombe.

« Si je me trompe, je puis assurer que mes intentions seront toujours droites et que je serai guidé par une unique considération, l'intérêt de la République. »

Sadi Carnot insista ensuite sur la nécessité de la concentration des forces républicaines, surtout en face de l'étranger, pour montrer que la République est au-dessus de toutes les divisions de personnes et que, lorsque l'intérêt commun l'exige, tous savent s'unir.

A l'intérieur, la concentration n'était pas moins à faire en vue des élections générales de 1889.

« Assurément, continuait-il, il y aura toujours dans le parti républicain deux grandes fractions, deux nuances essentielles, les progressistes et les modérés ; mais les deux

Tirard, président du conseil des ministres.

fractions peuvent et doivent s'unir pour faire face à l'ennemi commun : les monarchistes.

« Troisièmement enfin, il faut faire la concentration pour faire un budget honnête et sincère, un budget de probité et de réformes. »

Et, appuyant sur cette idée avec une grande énergie, le nouveau président dit :

« Je sais que c'est possible. Il le faut. Les républicains feront le nécessaire pour établir ce budget. »

Enfin, le 12 décembre, le nouveau ministère fut constitué avec M. Tirard, président du conseil.

Lorsque les grandes lignes du programme à suivre furent arrêtées, Sadi Carnot communiqua à ses ministres sa déclaration officielle.

Voici le texte du message qui fut lu le 13 décembre au Sénat et à la Chambre des députés :

Messieurs les Sénateurs,
Messieurs les Députés,

En élevant à la présidence de la République un des plus modestes serviteurs de la France, l'Assemblée nationale m'a décerné un honneur dont je sens tout le prix.

Elle m'a en même temps imposé de grands devoirs.

Tout ce que j'ai de force et de dévouement appartient à mon pays, et je m'attacherai sans relâche à justifier la confiance de l'Assemblée nationale.

J'ose espérer que le Sénat et la Chambre des députés voudront accorder à mes efforts leur concours patriotique.

Le Parlement a clairement marqué, dans la journée du 3 décembre, le but vers lequel doit tendre le gouvernement de la République.

En même temps qu'il donnait à l'imposant spectacle d'une grande assemblée accomplissant avec dignité le mandat qu'elle tient de la Constitution, et montrait quelles garanties offre au pays le fonctionnement régulier de nos institutions républicaines, il proclamait hautement sa volonté d'écarter toute cause de dissentiment.

Le souci des intérêts vitaux de la patrie, de son renom aux yeux de l'Europe, de sa légitime influence au dehors, commandait l'union à tous les représentants dévoués aux institutions du pays, et une même pensée de patriotisme a concentré sur un seul nom tous leurs suffrages.

Pour celui des Français, à qui est échu le grand honneur de recueillir ces suffrages, le premier devoir est de s'inspirer d'un si évident esprit de concorde et d'union.

Le gouvernement s'efforcera de rendre facile l'accord nécessaire de vos volontés en vous appelant sur le terrain commun des intérêts moraux et matériels de la nation.

Avec l'apaisement, la sécurité, la confiance, il voudra assurer au pays les progrès réfléchis, les réformes pratiques destinées à encourager le labeur national, à fortifier le crédit, à amener la reprise des affaires, et à préparer les grandes assises industrielles de 1889.

Il se préoccupera des mesures qui touchent les conditions du travail et de l'hygiène, de la mutualité et de l'épargne.

Il s'attachera à l'amélioration des finances, au sérieux équilibre des budgets, à la simplification du fonctionnement administratif et judiciaire et à l'irréprochable gestion des affaires publiques.

Il fera dans ses préoccupations une large place à nos armées de terre et de mer, dont l'honneur et les intérêts nous sont particulièrement chers.

Aux Chambres, il appartient d'assurer au gouvernement la puissance de réaliser ce programme et de préparer au pays une ère durable d'activité ordonnée, paisible et féconde.

Elles donneront ainsi à l'Europe le gage le plus précieux de l'ardent désir qu'a la France de contribuer à l'affermissement de la paix générale, et rendront faciles le maintien et le développement de ses bons rapports avec les puissances étrangères.

L'imposante manifestation du 3 décembre m'autorise, Messieurs les Sénateurs, Messieurs les Députés, à faire hautement appel à votre patriotisme pour une politique de progrès, d'apaisement et de concorde.

Fort de votre concours, bien pénétré de ce qui est le vœu ardent du pays, comme son plus impérieux besoin, le gouvernement saura être le gardien vigilant et résolu de la Constitution et des lois.

C'est ainsi que la France respectée au dehors, calme et prospère au dedans, pourra se préparer, dans la paix et dans le travail, à célébrer dignement le grand centenaire de 1789.

Le président de la République,

Carnot.

On ne peut apprécier autrement ce message qu'en constatant qu'il est l'image de l'homme qui l'a écrit : modeste et respirant d'un bout à l'autre l'honnêteté et le patriotisme.

Ces deux qualités sont, en effet, les caractéristiques de sa physionomie.

Le document présidentiel ne renferme aucun de ces traits brillants qui sentent l'affectation ; la déclamation, l'effort vers ce qu'on est convenu d'appeler la grande éloquence, en sont absents.

Sous la simplicité du langage s'affirme une conviction profonde dans les destinées de la République.

La personne du président s'efface modestement pour rendre un éclatant hommage au patriotisme des membres républicains du Parlement. Au milieu des questions brûlantes qui agitent et divisent notre pays, Carnot[1] préconise la politique d'apaisement et de concorde.

C'est là le véritable langage d'un chef d'État républicain. Ce document eut un grand retentissement dans toute la France.

[1] Du jour de sa nomination à la présidence de la République, le député de la Côte-d'Or ne signa plus Sadi Carnot, mais seulement Carnot.

CHAPITRE VIII

DÉSINTÉRESSEMENT

Conscience dans l'exécution de sa tâche.

Le président de la République, vous le savez peut-être, mes jeunes amis, reçoit de grosses sommes pour donner des fêtes, des bals, en un mot pour représenter dignement le pays. Cela s'appelle les *frais de représentation*.

Bien des fonctionnaires qui touchent, mais dans de moindres proportions, bien entendu, de pareils frais, en dépensent le moins possible et gardent le reste pour eux.

Carnot était incapable de telles mesquineries. Quoiqu'il fût l'homme le plus modeste, le plus familial, ennemi du bruit, adorant son chez-soi, il comprit qu'un chef d'État ne saurait se dérober aux réceptions et aux voyages. Les salons de l'Élysée se rouvrirent pour des fêtes vraiment royales qui profitèrent au commerce, et, par suite, aux travailleurs de toutes sortes. Les représentants des divers pays de l'Europe en conçurent plus d'estime pour notre nation.

Mais Carnot jugea qu'il se devait aussi aux départements. Il se résolut à de nombreux voyages à travers les provinces, pour rétablir le prestige du chef de l'État et se mettre en contact avec les populations.

Aussitôt les invitations affluèrent et quatre grands voyages furent faits *en 1888* :

Du 25 avril au 1er mai, dans l'Ouest ;

Du 18 au 23 juillet, dans la Savoie et le Dauphiné ;

Du 10 au 15 septembre, dans la Normandie ;

Du 6 au 11 octobre, dans le Rhône, la Haute-Savoie et la Côte-d'Or.

En 1889, du 31 mai au 4 juin, dans le Pas-de-Calais.

Grand-duc Constantin.

En 1890, du 16 au 27 avril, dans le Var, les Bouches-du-Rhône, la Corse, les Alpes-Maritimes, les Basses-Alpes et les Hautes-Alpes ;

Du 21 au 28 mai, dans la Drôme, le Vaucluse, le Gard, l'Hérault, le Doubs, la Haute-Saône, la Haute-Marne, l'Aube et le territoire de Belfort ;

Du 18 au 20 août, dans la Charente-Inférieure, où le 19 il inaugurait à la Rochelle les bassins du nouveau port de la Palice.

En 1891 le 7 mai, à Orléans, où il va assister aux fêtes commémoratives de l'entrée de Jeanne d'Arc ;

Du 17 au 25 mai, dans la Haute-Vienne, le Tarn-et-Garonne, la Haute-Garonne, les Hautes-Pyrénées, les Basses-Pyrénées, les Landes ;

Du 16 au 19 septembre, dans la Marne. Le 17, Carnot passe en revue à Vitry 120.000 hommes, après les grandes manœuvres que venaient de commander le général de Galliffet et le général Davout, sous les ordres du général Saussier.

En 1892, du 5 au 7 juin, dans la Meuse et la Meurthe-et-Moselle ;

Le 6 juin, le grand-duc Constantin vient saluer le président de la République à Nancy ;

Du 3 au 5 septembre, dans la Savoie. Le 4 septembre, Carnot inaugure à Chambéry le monument du centenaire de la réunion de la Savoie à la France ;

Le 5, il rend visite, à Aix, au roi Georges de Grèce et au grand-duc de Leuchtemberg ;

Du 15 au 17 septembre, dans la Vienne ;

Le 8 octobre, dans le Nord, où Carnot va présider les fêtes du centenaire du siège de Lille.

En 1893, Carnot, qui devait visiter la Bretagne, dut renoncer à ce voyage par suite de son mauvais état de santé. Son seul déplacement fut pour la revue de Beauvais qu'il passa le 24 septembre.

En 1894, dernier et fatal voyage, à Lyon.

Aujourd'hui, nous pouvons juger d'un coup d'œil d'ensemble les événements qui ont eu lieu pendant la présidence de Carnot, et nous rendre compte de l'importance de ces déplacements et de l'impression qu'ils ont produits.

En 1888, au cours de son premier voyage, les manifestations non équivoques de sympathie en faveur de la personne de Carnot et aussi en faveur du gouvernement légal qu'il identifia en face de tous les compétiteurs, se produisirent. A Bordeaux, M. Raynal put s'écrier : « Vous avez

rendu, dès le début de votre pouvoir présidentiel, un éminent service à la République et au pays. » Il traduisait
l'opinion générale, en faisant ressortir combien il est utile
que le chef de l'État se rende compte, par lui-même, des
besoins et des désirs de chacun, et aussi combien il est
nécessaire que les populations soient mises à même d'approcher de l'homme aux mains de qui le Parlement a remis
le dépôt du pouvoir.

Cette impression du premier déplacement présidentiel
fut tellement précise et tellement bienfaisante, que nombre
d'invitations nouvelles furent adressées à Carnot.

Après divers voyages dans la Savoie, l'Isère et la Drôme,
il fut décidé que le Président se rendrait dans l'Ouest.

De toutes les populations qui forment la grande famille
française, celles qui se signalent particulièrement par
l'aménité de leurs mœurs et de leur caractère, et aussi par
le calme et la modération qu'elles apportent dans tous les
actes de la vie, ce sont assurément les populations de nos
provinces de l'Ouest. Il n'est pas facile de les entraîner, et,
lorsqu'elles sont conquises à une idée, il faut beaucoup de
persévérance pour les amener vers autre chose. Méfiantes,
tout ce qui est nouveau les épouvante, et elles mettent
longtemps à se rallier à une forme gouvernementale. Le
changement les rend ombrageuses à l'excès, et elles ne
quittent une opinion pour aller vers une nouvelle qu'après
de longues tergiversations.

Le voyage de Carnot, au milieu de ces populations qui
ne sentent pas le besoin de proclamer à grand renfort de
cris et de discours leurs convictions et leurs préférences,
devait donc être très instructif. Il s'agissait de savoir quelle
réception lui serait faite dans ces pays où la réaction a
conservé de profondes attaches.

La démonstration fut irréfutable ; là comme ailleurs, le
Président n'eut pour ainsi dire qu'à paraître pour vaincre.
Jamais accueil plus chaleureux ne fut fait à un chef d'État.

Les ovations succédèrent aux ovations et, ce qui est tout à fait particulier, le caractère des habitants sembla à ce point changé, qu'au lieu de la réserve habituelle, on assista à des acclamations tapageuses ne le cédant en rien à celles qui étaient jusqu'ici monopolisées par le Midi.

Quand Carnot fit son premier voyage dans le Rhône, l'accueil fait par la seconde ville de France dépassa tout ce qu'on pouvait attendre. Le maire, M. Gailleton, en un langage qui fut applaudi dans toute la presse républicaine, exprima les aspirations de la démocratie lyonnaise, et salua en son nom le chef de l'État dans des termes particulièrement heureux. Mais ce qui fut le plus significatif, c'est l'accueil de la population elle-même. Sur le passage du Président de la République, dans les quartiers ouvriers, les démonstrations spontanées eurent un caractère tout à fait touchant. Ces manifestations eurent une telle vivacité que l'organe légitimiste de Lyon ne put faire autrement que de les relater. Nous ne pouvons résister au désir de citer ce passage :

« Le Président de la République, dit *le Salut public*, s'avance sur le balcon de la terrasse ; de là, le plus merveilleux spectacle qu'il puisse être donné à l'homme de voir nous apparaît. Deux cent mille personnes au moins, car le cours du Midi, la place Perrache, les balcons des maisons et les toits sont couverts d'une foule qui se presse à s'étouffer, sont entassées, acclamant Sadi Carnot, poussant des hourras frénétiques, agitant les mains et les chapeaux.

« Bien que nous ne soyons pas précisément partisans du régime actuel, nous ne pouvons nous empêcher d'être émus en présence de cette manifestation spontanée, si belle, si imposante, si grandiose, qu'elle nous tire les larmes des yeux et qu'on en garde un souvenir ineffaçable.

« Par-dessus la tête de M. Carnot, ces acclamations vont droit à la France, à la chère Patrie.

« M. Carnot est resté dix bonnes minutes la tête baissée,

pensif, les yeux brillants, ému, lui aussi, jusqu'aux larmes.

« Ah ! certes, il n'y a pas eu besoin de styler ces masses, d'apporter des claqueurs payés, de chauffer l'enthousiasme. »

Dans tous les voyages du Président à travers la France et en Corse, cet élan populaire, qui s'était d'une façon si intense produit à Lyon, s'est encore manifesté, s'il est possible, avec plus d'énergie.

A la suite d'un des voyages présidentiels, le *Times* consacra un *leading* article au président Carnot. Le grand journal anglais faisait remarquer que pour la nation il faut un gouvernement qu'on puisse voir avec les yeux :

« L'imagination ne suffit pas, disait-il, pour se représenter la souveraineté nationale personnifiée dans un homme ne sortant pas de l'Élysée. Dans M. Carnot elle voit l'idée républicaine se mouvant, parlant et dépensant sous ses yeux ; elle l'entend et cela la satisfait. »

On ne saurait mieux exprimer les bienfaits de ces voyages dont Carnot a eu l'initiative. A mesure, d'ailleurs, que le Président de la République s'est fait mieux connaître des populations, l'estime que dès la première heure on avait pour sa personne et pour la droiture bien connue de son caractère, a augmenté. Dans cette haute situation, il n'est permis ni de risquer un faux pas, ni de prononcer des mots imprudents. Toutes les phrases sont commentées et deviennent pour ainsi dire historiques. Il ne suffit donc pas d'être un honnête homme et d'avoir d'excellentes intentions, il faut encore savoir choisir le moment utile pour ne parler qu'à bon escient.

Or dans tous ses voyages, comme dans tous ses discours, Carnot a montré un tact parfait. Il a su parler aux représentants des diverses classes, des différentes professions avec le plus rare bonheur d'expression. Lorsqu'à Lyon, en 1888, par exemple, il s'est trouvé en face de cette puissante Chambre de Commerce, il a saisi avec empresse ment l'occasion qui lui était offerte d'affirmer, en quelques phrases qui ont eu dans le monde entier un retentissement, que l'Exposition universelle serait prête et que le succès dépasserait certainement l'attente des plus optimistes.

Il n'est pas nécessaire de multiplier les exemples ; et nous ne voulons, en terminant cette rapide analyse, que comparer les premiers pas de Carnot, Président de la République française, à ceux de Guillaume II, empereur d'Allemagne.

A peine arrivé au trône, celui-ci a été pris du besoin impérieux de voyager, de passer des revues, de manifester par tous les moyens son existence. Il a semblé être pris d'une véritable maladie le forçant à être constamment en mouvement. Il est allé en Russie, puis, à peine revenu, est reparti pour Vienne et Rome. Dans quel but, ces pérégrinations ?

Ce n'était pas à coup sûr dans une intention humanitaire. Il fallait chercher à se réconcilier avec la Russie, il était nécessaire de resserrer les liens de l'alliance avec l'Autriche et avec l'Italie, et le jeune Empereur, dont le grand chancelier dirige tous les actes, s'est mis en route, allant du Nord au Midi.

Le Président de la République française a décidé ses voyages pour des raisons tout autres. On avait besoin de sa personne pour rassurer les populations, et il est parti visitant tour à tour chaque région, s'enquérant des besoins de chacun, portant à tous des paroles d'union, de concorde et d'encouragement.

Tandis que l'Empereur, méprisant les peuples, ne cherche qu'à préparer les grandes hécatombes, et pour cela va réclamer le concours de ses alliés, le Président de la République va au-devant des désirs des travailleurs des villes et des champs, encourage l'industrie et le commerce et n'a dans la bouche que des paroles de paix.

Combien aussi est l'impression produite ! Ce chef de l'État s'intéressant à tout, prenant souci de se faire éclairer,

aussi bien à propos du travail national qu'au point de vue
de notre organisation maritime et militaire, consacrant le
modeste budget que lui donne la France à venir en aide
aux institutions de bienfaisance, veillant à ce que chacun
ait sa part dans les honneurs, et, au milieu de cette perpé-
tuelle et fatigante représentation, ne perdant jamais le
sens exact de la situation, se faisant remarquer par son tact
et le souci constant de ne pas sortir de ses attributions
constitutionnelles, n'est-ce pas une leçon pour les peuples ?

Dès la première heure, Carnot a compris les services
qu'il pouvait rendre au pays en rétablissant le prestige du
chef de l'État. C'est dans ce but qu'il a entrepris ces
voyages et il peut dire qu'il n'a pas perdu son temps. Il a
rallié ainsi des populations inquiètes et sur le point d'être
égarées, et consolidé la République.

Avant d'entrer dans les détails du dernier voyage du
regretté Président, revenons aux années 1889, 1891, 1893,
pendant lesquelles Carnot représenta la France dans deux
circonstances mémorables : d'abord pendant l'Exposition
de 1889 qui couronna notre relèvement matériel, puis
pendant les négociations de l'entente russe qui acheva
notre relèvement moral.

CHAPITRE IX

EXPOSITION UNIVERSELLE

1889

Le 5 mai 1889, Carnot se rendit à Versailles pour présider la réunion solennelle du centenaire de la Révolution. Après avoir posé une plaque commémorative de la réunion des états généraux, le président de la République fit son entrée dans le palais. Il prit place dans la célèbre Galerie des Glaces, et, debout, devant 1.200 personnes, l'élite de la nation, il dit d'une voix claire et sonore :

« Messieurs,

« C'est avec une émotion profonde, c'est le cœur pénétré de gratitude envers nos ancêtres, et rempli d'une ardente espérance en l'avenir que je salue, comme premier magistrat de la République, dans ce palais élevé par l'ancienne monarchie, les représentants de la nation française, en pleine possession d'elle-même, maîtresse de ses destinées, et dans tout l'éclat de sa force et de sa liberté.

« Notre première pensée, dans cette réunion solennelle, doit s'élever vers nos pères, vers cette immortelle génération de 1789, fille du xviiie siècle qui, à force de courage et de persévérance, au prix de tant d'efforts et de sacrifices, nous a conquis les biens dont nous jouissons et dont nous transmettrons à nos fils le précieux héritage. Jamais notre reconnaissance, jamais celle de notre postérité n'égalera la grandeur des services rendus par nos pères à la France et au genre humain.

« D'illustres penseurs avaient proclamé les principes de justice, d'égalité et d'indépendance qui contenaient en germe la Révolution française. Nos pères assumèrent la tâche héroïque de faire de ces principes la base même de la société, et de fonder un régime nouveau sur la raison et sur la justice.

« Gloire à eux! Gloire à ces généreux lutteurs! Ils surent affronter tous les périls, supporter toutes les épreuves pour laisser à leurs descendants un précieux patrimoine, qui n'est le monopole d'aucun parti, dont tous les Français peuvent revendiquer leur part, et qui est devenu le domaine commun du monde civilisé !

« Le 5 mai 1789, les états généraux, convoqués à Versailles pour la première fois depuis cent soixante-quinze ans, étaient invités à pourvoir aux besoins financiers de la monarchie française.

« Mais telle n'était pas la mission que le pays leur avait confiée. La résistance aveugle des privilégiés, paralysant les meilleures intentions de la royauté et les efforts éclairés d'un grand ministre, avait fait échouer toutes les tentatives de réforme. L'heure de la Révolution avait sonné.

« On le vit bien, dès la réunion de ces élus de la nation qui, écartant les anciennes appellations, se déclarèrent *membres de l'Assemblée nationale*, et jurèrent de ne se séparer qu'en laissant à la France une constitution de ses droits et de ses libertés.

« Le pays lui-même avait dressé le programme de leurs travaux.

« Il est, tout entier, inscrit dans ces cahiers approuvés par six millions d'électeurs, où la modération de langage fait ressortir la force et l'élévation de la pensée, où l'on voit apparaître cette belle devise de : *Liberté, Égalité, Fraternité*, qui est devenue celle de la République, et dont

la surprenante unanimité atteste à la fois la clairvoyance et
l'unité morale du peuple français en dépit de la division
des provinces.

« Plus de provinces, disait-on déjà, la Patrie ! Faire une
nation forte, unie, respectée, vivante et libre, en abaissant
les barrières qui découpent le territoire de l'ancienne
France, en supprimant des privilèges incommodes et bles-
sants ; assurer à cette nation un droit uniforme, un gouvernement représentatif exercé au nom de tous et contrôlé
par les élus du peuple ; fonder l'égalité devant la loi,
garantir la liberté individuelle et l'indépendance des opinions religieuses et politiques, et effacer toutes les traces
de la féodalité et du servage.

« Ainsi se résument les principes de 89 épars dans les
cahiers et coordonnés dans la Déclaration des droits de
l'homme. Tâche grandiose, devant laquelle nos pères
n'ont pas reculé et qu'ils ont su accomplir avec une admirable persévérance, sans se laisser ébranler par les plus
redoutables obstacles !

« Condamnée à soutenir contre l'ancien monde une
lutte gigantesque, la France a traversé des temps douloureux, où tous les partis ont successivement cédé à des
entraînements à jamais regrettables. Elle n'a pas dévié de
la voie qui, dès la première heure, lui fut tracée par les
hommes de 89 : *Constituante*, *Législative*, *Convention*,
autant d'étapes, autant de relais sur la route du progrès ;
Constitutionnels, *Girondins*, *Montagnards*, tous architectes
du même édifice qui s'est achevé à travers les régimes
successifs et qui abrite aujourd'hui tous les Français sans
distinction d'opinions ni de partis.

« Du même cœur, avec la même reconnaissance, nous
devons tous nous retourner vers ceux qui, il y a cent ans,
ont gravé dans les institutions du pays l'égalité des
citoyens devant la loi et des enfants devant l'héritage,
l'abolition des privilèges, et le droit pour tous les Français

d'accéder aux emplois publics et aux grades de l'armée, la liberté du travail, l'équitable répartition de l'impôt annuellement consenti, l'indépendance de la pensée, la liberté des opinions religieuses et la souveraineté de la nation d'où émane toute autorité légitime.

« Ces grands ancêtres ont fait notre France d'aujourd'hui, celle que nourrissent nos laborieux agriculteurs devenus inviolables dans la propriété du sol qu'ils cultivent ; celle qu'enrichissent nos industriels, nos commerçants, nos ouvriers, délivrés des entraves des corporations et des jurandes ; celle qu'illustrent nos écrivains et nos artistes ; celle qui est pour tous ses fils, de près comme de loin, aux heures d'adversité comme aux jours de triomphe, l'objet d'un amour sans bornes et d'une indéfectible espérance.

« La Révolution dont nous célébrons l'aurore a fait éclore en un jour les germes féconds accumulés par un labeur dix fois séculaire et échauffés par le souffle des grands penseurs du xviie et du xviiie siècle.

« Elle a ouvert une ère nouvelle dans l'histoire, elle a fondé la société moderne sur d'immuables assises ; elle a créé la France démocratique, inébranlable dans son attachement aux principes de 89 à travers les régimes politiques qu'elle a vus se succéder depuis un siècle.

« Il était réservé à notre génération de donner à cette démocratie son gouvernement nécessaire, une organisation politique assurant à la nation l'exercice de la souveraineté qui réside en elle, offrant à la liberté, à l'ordre et au progrès les garanties qui sont les conditions premières du travail et de la paix. La fondation de cette République est le couronnement de l'œuvre impérissable qui a été commencée il y a un siècle. Elle est le but que devait atteindre, après bien des secousses, après de cruelles épreuves qui lui laissent une inconsolable douleur, cette généreuse nation française si passionnée pour l'égalité et si jalouse de ses libertés.

« Elle a définitivement rompu avec le pouvoir personnel d'un homme, quelque titre qu'il prenne, et ne reconnaît plus d'autre souverain que la loi délibérée par les élus du peuple dans leur pleine indépendance.

« Telle est, messieurs, l'œuvre d'un siècle, le résultat acquis par cent années de travail politique, de réflexion et d'expérience.

« Qu'il nous soit permis, en ces lieux mêmes où nos glorieux ancêtres ont apporté les premières revendications de la France, d'élever vers eux nos cœurs reconnaissants, de mesurer du regard le chemin parcouru, de comparer la patrie à cent ans de distance, de montrer ce qu'ont pu réaliser les efforts d'un grand peuple animé des vivifiants principes dont 89 a éclairé le monde !

« J'en appelle à vous tous Français de 1889, à vous représentants de la nation, à qui le suffrage universel a confié la haute mission de faire les lois du pays ! A vous, grands corps de l'État français, qui avez la charge d'appliquer ces lois, d'assurer le respect de nos institutions, de garantir les droits et la liberté de tous ! A vous, officiers et soldats de l'armée nationale, qui portez si haut le sentiment de vos devoirs, et ce respect de la discipline qui fait la force de la Patrie ! A vous, chers élèves de nos grandes écoles, filles de la Révolution ; à vous, l'élite de notre jeunesse ! A vous, généreux initiateurs de toutes les œuvres de prévoyance et de bienfaisance qui sont nées de la liberté de la pensée et des confessions ! A vous, écrivains et artistes ! A vous, travailleurs de tout ordre qui nous montrerez demain les merveilles enfantées par l'esprit fécondant de 1789 ! A vous tous, je fais ici un appel qui sera entendu de votre patriotisme !

« Ce que nous sommes, nous le devons à ceux que nous venons glorifier aujourd'hui. Ils nous ont laissé d'admirables exemples dont nous devons savoir nous inspirer. Soyons prêts à parfaire leur œuvre. Sachons retrouver les

élans généreux de cette grande époque, nous élever au-
dessus des mesquines passions, des querelles de partis, des
divisions d'écoles.

« Sous l'égide de la République, qui est le droit constitutionnel, cherchons dans l'esprit d'apaisement, de tolérance
mutuelle, de concorde, cette force irrésistible des peuples
unis.

« Le siècle glorieux que nous célébrons dans cette pieuse
et grandiose cérémonie, doit être couronné par la réconciliation de tous les Français dans la commune passion du bien
public au nom de la liberté, au nom de la Patrie.

« Et la France aura toujours son rang à l'avant-garde des
nations.

« Honneur à nos pères de 1789 !

« Vive la France !

« Vive la République ! »

Le lendemain, le président Carnot, en se rendant de
l'Élysée au Champ-de-Mars, fut acclamé par une foule
enthousiaste. Arrivé sous l'immense dôme central, Carnot
sentit une émotion profonde que révéla la pâleur de son
visage. Mais c'est pourtant d'une voix assurée et vibrante
qu'il prononça son discours :

« Messieurs,

« La France glorifiait hier l'aurore d'un grand siècle qui
a ouvert une ère nouvelle dans l'histoire de l'humanité.

« Aujourd'hui nous venons contempler, dans son éclat et
dans sa splendeur, l'œuvre enfantée par ce siècle de labeur
et de progrès.

« Nous venons saluer les travailleurs du monde entier
qui ont apporté ici le fruit de leurs efforts et les productions
de leur génie. Nous venons tendre une main amie à tous
ceux qui se sont faits nos collaborateurs dans l'œuvre de
paix et de concorde à laquelle nous avons convié les nations.

« Nous venons souhaiter la bienvenue aux visiteurs qui déjà, de tous les points de l'horizon, en deçà ou en delà des frontières, arrivent, sans compter les distances, pour prendre part à nos fêtes.

« Ils trouveront ici une terre hospitalière, une ville heureuse de les accueillir et verront ce que valent les calomnies dictées par des passions aveugles auxquelles le respect même de la Patrie ne sait pas imposer silence.

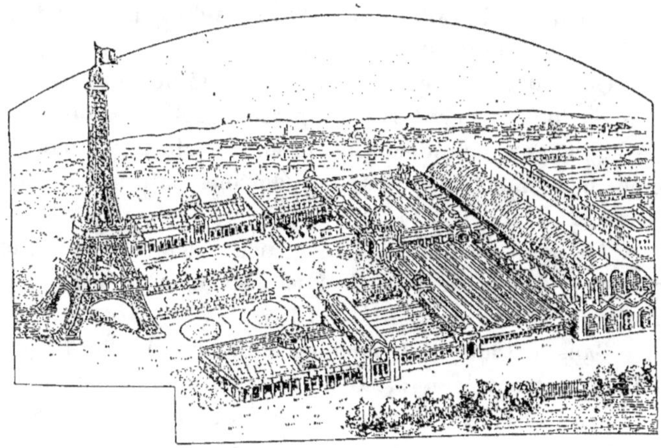
Vue générale de l'Exposition universelle de 1889.

« Notre chère France est digne d'attirer à elle l'élite des peuples. Elle a le droit d'être fière d'elle-même et de célébrer, la tête haute, le Centenaire économique comme le Centenaire politique de 1789.

« Elle a su se relever, avec une indomptable énergie, après les plus cruelles épreuves, et n'a jamais désespéré de la fortune. Par sa bonne foi dans les engagements publics et par sa loyauté, elle a inspiré une juste confiance. Elle a trouvé dans ses institutions la force de vivifier le travail, de ranimer l'activité du commerce et de l'industrie, de rendre courage à l'agriculture atteinte par de redoutables fléaux ; l'épargne nationale a reçu la plus admirable impulsion, et jamais il ne s'est produit plus de généreuses initiatives, plus de recherches passionnées dans toutes les branches de la bienfaisance publique et privée.

« Je le répète avec fierté : la France poursuit dans le calme et dans la paix son œuvre de progrès, et le siècle laborieux qui s'achève laissera dans son histoire une trace lumineuse.

« Quel chemin parcouru, Messieurs, depuis que François de Neuchâteau installait, en 1798, cent dix exposants dans le Temple de l'Industrie !

« Quel admirable essor a pris l'activité humaine affranchie de toutes les entraves du passé ! Quel développement de la richesse publique sous l'influence du travail émancipé, du commerce libéré, des douanes intérieures supprimées !

« Au point de vue social, on peut traduire le progrès par cette éloquente formule : la vie humaine accrue, la mortalité abaissée.

« Dans l'atmosphère fortifiante de la liberté, l'esprit humain retrouve son initiative, la science prend son essor; la vapeur et l'électricité transforment le monde. Un siècle qui a vu de pareils miracles devait être célébré.

« On ne saurait mieux le faire que par cet admirable concours des peuples, qui, venus de toutes les parties du monde, se donnent rendez-vous pour rassembler les merveilles de l'industrie et les splendeurs de l'art de notre époque.

« C'est dans ces fêtes grandioses du travail que les nations peuvent se rapprocher et se comprendre, et que doivent naître les sentiments d'estime et de sympathie qui *ne manqueront pas d'influer heureusement sur les destinées du monde*, en avançant l'heure où les ressources des peuples et le produit de leur travail ne seront plus consacrés qu'aux œuvres de la paix.

« Aussi, Messieurs, l'appel de la France a été entendu

et le concours spontané et indépendant que les peuples eux-mêmes ont voulu apporter à cette manifestation de fraternité internationale vient encore ajouter à la grandeur morale de cette fête.

« Son éclat matériel, vous en jugerez tout à l'heure. Vous verrez quelle surprise ménageait à notre génération les merveilleux progrès de la science, comme les ressources inépuisables de l'industrie humaine et les trésors artistiques qui jettent sur notre époque un si brillant éclat.

« Vous connaissez déjà le cadre où se déploient ces merveilles. Vous avez pu apprécier, en entrant ici, la belle ordonnance de cette grande Exposition, où ingénieurs, architectes et constructeurs, ont rivalisé de science, d'activité, de dévouement pour présenter au monde une œuvre digne du génie de leur pays.

« Au nom de la France, je les remercie, eux et leurs collaborateurs. Ils n'ont pas vaincu sans combat : il leur a fallu triompher et du temps et de la nature, et par-dessus tout, des mauvais vouloirs persistant à ne pas comprendre que l'Exposition n'est pas une œuvre de parti, mais l'œuvre de la France. Ces hommes de cœur ont su répondre à la confiance de la République et tenir fidèlement tous ses engagements. Après avoir été à la peine, ils ont droit d'être à l'honneur.

« Et maintenant, Messieurs, nous allons visiter ensemble les trésors que le monde a accumulés dans ce palais et ces jardins en donnant à notre pays un si éclatant témoignage de confiance et de sympathie.

« *Après avoir, de nouveau, souhaité une cordiale bienvenue aux hôtes de la France,*

« *Je déclare ouverte l'Exposition de 1889.* »

Cette année fut une des plus belles du président Carnot. Elle apporta aussi une grande joie à son cœur filial.

Au milieu des glorieux souvenirs qu'évoquait le Centenaire de 89, la France ne pouvait manquer d'associer dans une même reconnaissance quelques-uns parmi les illustres de 1789.

Le tombeau de Lazare Carnot à Magdebourg, d'après un croquis de Mme Hippolyte Carnot.

Lazare Carnot, le Grand Carnot, était du nombre.

Le glorieux Français ne recevait que bien tardivement une marque de reconnaissance de sa patrie.

L'*Organisateur de la Victoire* était mort à Magdebourg, loin des siens, chassé de son pays, auquel il avait donné tout son génie et tout son cœur.

Son corps était resté dix ans dans l'église Saint-Jean de Magdebourg, quand on le transféra dans le cimetière de cette ville.

Pour tout monument, sa tombe reçut une pierre ; pour tout éloge funèbre, un nom qui était toute une apologie :

CARNOT

La concession de terrain faite à ses restes expirait en 1864. Le conseil municipal de Magdebourg décréta que son tombeau resterait intact.

Napoléon III avait écrit à son ministre des affaires étran-

Le Panthéon.

gères que, dans le cas où les restes de « l'*homme qui sauva la France de l'invasion étrangère* » seraient exposés à une profanation, on prît des mesures pour les ramener dans sa patrie. L'Assemblée nationale était allée plus loin : le 29 mai 1849, sur la proposition du général Cavaignac, elle avait décrété la translation en France des cendres de Carnot, et l'érection d'un monument à sa mémoire sur l'une des places de Paris. Ce décret, qui n'a pas été abrogé, ne reçut jamais son exécution.

C'était à la troisième République que devait revenir l'honneur de rendre à son pays les restes de l'illustre proscrit, et c'est pour prouver sa reconnaissance à la France ancienne, que la France nouvelle, le 4 août 1889, ouvrit les portes du Panthéon à ceux qui avaient sauvé la patrie et créé le nouvel état social.

Le 18 août eut lieu la fête des communes. Un banquet présidé par Carnot et offert au palais de l'Industrie par la Ville de Paris à tous les maires des communes de France, réunit plus de treize mille invités. Après le discours de M. Chautemps, président du conseil municipal de Paris, le président de la République parla à son tour :

« Messieurs,

« L'année dernière, au lendemain des élections municipales, le gouvernement de la République conviait les maires élus des principales communes de France à célébrer la fête du 14 juillet par une imposante manifestation de concorde et d'union, et à préparer la commémoration de la date immortelle de 1789 par cette proclamation de solidarité et de reconnaissance nationales.

« La fête qui nous réunit aujourd'hui s'inspire des mêmes pensées patriotiques ; nous avons voulu appeler les représentants de toutes les communes de France à marquer mieux encore, en cette année mémorable, par leurs sentiments de gratitude et de fraternité, la force et l'unité de notre chère patrie.

« Depuis la noble et splendide ville de Paris, qui attire le monde par sa courtoise et généreuse hospitalité, jusqu'au moindre de nos villages, membre non moins aimé de la famille nationale, nous avons souhaité que tous eussent ici leurs représentants, associés et groupés dans une vaste fédération qui rappelle celle d'autrefois, où la France nouvelle a puisé tant de force et de confiance en ses destinées.

« A tous les élus des communes françaises, aux absents comme aux présents, le premier magistrat du pays, gardien de sa Constitution et de ses lois, adresse le salut cordial de la France républicaine.

« Cette belle manifestation de solidarité nationale ne sera pas seule, Messieurs, à laisser dans vos cœurs de profondes et fortifiantes impressions. Il vous sera donné, pendant votre trop court séjour, de contempler des merveilles qui sont bien faites pour inspirer à tous, avec l'amour sans bornes de la France, le sentiment de ce que nous devons à sa sécurité, à sa liberté, à son influence, à sa grandeur entre toutes les nations.

« Que pourrais-je vous dire de l'Exposition universelle qui soit vraiment digne des splendeurs dont l'imagination reste confondue? Comment réussirais-je à louer, en quelques paroles, tous ces prodiges de l'art et de l'industrie que le monde entier ne se lasse pas de voir et d'admirer? Qui ne connaît aujourd'hui, même chez les peuples les plus lointains, ce Palais des Machines, véritable temple du génie moderne, ou cette tour Eiffel, monument d'audace et de science, ou ces dômes élégants, ou ces galeries remplies de merveilles?

« Vous verrez tout ce qu'il y a de travail, de force, de génie accumulés ; que de virilités, que de promesses pour l'avenir !

« Et c'est la France, Messieurs, c'est notre patrie bien aimée qui est et qui demeure le foyer de ces lumières, le centre de cette activité que les coupables agitations, que les factieuses entreprises n'ont pas réussi à stériliser ! Quel légitime sujet de fierté pour nous, mes chers concitoyens, et avec quelle effusion cordiale nous pouvons remercier tous les peuples qui nous ont soutenus de leurs sympathies et qui sont venus contribuer à la splendeur de ce que les étrangers ont appelé « *le plus grand monument pacifique de l'Europe !* »

« Il n'est pas seulement par sa nature même un monument de paix. Il l'est encore par les manifestations dont il ne cesse d'être l'occasion dans le monde entier, par le courant d'affections qu'il a fait naître en faveur de notre pays.

« Je dois à la haute situation où m'ont appelé les suffrages des élus de la nation l'insigne honneur de recueillir parfois, au nom de la France, l'expression des vœux qui s'adressent à elle, et de sentir de près battre les cœurs qui l'aiment. L'assemblée de bons Français qui m'écoute comprendra ma patriotique émotion en présence des visiteurs amis qui ont traversé les frontières ou les mers pour venir acclamer la France.

« Écrivains, savants, industriels, ouvriers, gymnastes, sociétés chorales, jeunesse des deux mondes, qui accourent pour partager nos travaux ou pour mêler leurs bannières à nos trois couleurs, laissent ici et emportent, j'en suis sûr, des souvenirs et des sympathies qui sont un germe fécond, semé parmi les peuples, d'amitiés plus durables peut-être que des alliances, et qui ne portent en elles que des sentiments de concorde et de paix.

« Notre France, Messieurs, a tout à gagner dans cette visite des peuples. Si souvent calomniée, si souvent desservie par des plumes que conduit la passion ou la haine, elle peut se montrer telle qu'elle est, dans sa grâce hospitalière, dans son désintéressement, dans sa généreuse loyauté, et fait dire aux visiteurs qui nous quittent, comme au poète :

> Tout homme a deux pays, le sien et puis la France.

« Nos hôtes ont pu constater aussi ce que dix-huit années de travail et d'efforts, sous un régime de liberté, ont fait d'un peuple durement éprouvé, qui a su tenir tête à la mauvaise fortune et reprendre le rang qui lui appartient dans le monde.

« Ils ont compris que ce peuple se soit fermement attaché à la République, qui a présidé à son relèvement, qui a su lui assurer une forte éducation civile et militaire, garantir son indépendance et sa dignité, développer son outillage industriel et commercial, et préparer les progrès qui s'imposent à une démocratie laborieuse.

« La République, Messieurs, cent ans après 1789, la République est devenue la France même.

« Elle est le couronnement nécessaire de notre immortelle Révolution. Le double but qu'ont poursuivi nos pères, la liberté politique et la justice sociale, c'est la République qui nous permettra de l'atteindre. Gouvernement de la nation par elle-même, c'est à la nation qu'il appartient de veiller sur elle comme sur le plus précieux de ses biens, la garantie de ses droits, le palladium de ses libertés.

« J'ai pleine confiance, Messieurs, dans le sens éclairé, dans la droiture, dans la noble fierté de ce grand peuple de France qu'on peut abuser une heure, mais qui sait se retrouver et faire entendre sa voix souveraine.

« Résolument attaché aux conquêtes qu'il a réalisées depuis un siècle, il ne permettra à personne de porter la main sur elles. Écartant les partis qui songent encore à miner l'édifice indestructible élevé par nos pères sur le vieux sol national, il saura faire appel aux dévouements sincères et désintéressés. Il saura obtenir l'oubli des discordes passagères, des divisions néfastes qui ont, à certaines heures, jeté dans notre pays des germes de découragement et de faiblesse. Il saura former un faisceau de toutes les forces républicaines et réconcilier tous les fils de 89 au nom de la patrie.

« C'est dans cette pensée et dans cette espérance, mes chers citoyens, représentants dévoués des communes françaises, que je vous propose de lever avec moi vos verres.

« A la République une et indivisible! A la liberté! A la grandeur de la France! »

Ce légendaire banquet des maires fut l'une des dernières manifestations des fêtes de 1889.

L'Exposition de 1889, en rehaussant notre prestige aux yeux de l'étranger, en permettant au président de la République de proclamer, dans un langage à la fois élevé et simple, les idées de concorde, de paix et de fraternité, augmenta l'estime et les sympathies qui entouraient le nom de Carnot.

Sa popularité grandissante fut définitivement consacrée par l'heureux succès de sa politique internationale, car il fut l'initiateur, et, si l'on peut dire, l'apôtre fervent de l'entente franco-russe.

La flotte française et l'amiral Gervais à Cronstadt.

CHAPITRE X

FRANCE ET RUSSIE

1891-1893

Le 23 juillet 1891, la division cuirassée de la Manche, commandée par le contre-amiral Gervais, mouillait à Crons-

Alexandre III.

tadt. L'accueil fait à notre marine prit le caractère d'une manifestation véritablement enthousiaste.

En septembre 1893, quand le tsar fit avertir la France
de la prochaine venue d'une escadre russe, on se prépara
à recevoir dignement ceux dont l'accueil avait été si bien-
veillant.

Amiral Avellan.

A Toulon, la réception fut superbe ; à Paris, elle fut
triomphale.

Le jour même de leur arrivée à Paris, les officiers russes
se rendirent à l'Élysée, où l'ambassadeur de Russie fit les
présentations. Après quelques paroles de l'amiral Avellan
commandant en chef de l'escadre russe, Carnot répondit :

« Je vous remercie, monsieur l'ambassadeur, de m'avoir
présenté Monsieur l'amiral Avellan et Messieurs les officiers
de l'escadre russe.

Carnot à bord du cuirassé russe de l'amiral Avellan Tableau de Poilpot).

« J'avais confié à M. le ministre de la marine la mission de leur porter mes souhaits de bienvenue à leur entrée dans les eaux françaises, à leur arrivée sur notre territoire. Je suis heureux de pouvoir aujourd'hui renouveler ces souhaits en personne.

« On vous a, Messieurs, exprimé à Toulon toute la sympathie du gouvernement français, les populations que vous avez traversées vous ont dit celles de la nation tout entière. Partout vous trouverez le même accueil chaleureux et cordial.

« Les liens d'affection qui unissent la Russie et la France, resserrés il y a déjà deux ans, par les manifestations touchantes dont notre marine a été l'objet à Cronstadt, sont chaque jour plus étroits, et le loyal échange de nos sentiments d'amitié doit inspirer, à tous ceux qui ont à cœur les bienfaits de paix, confiance et sécurité.

« Le Grand Empereur qui vous envoie, Messieurs, et que je salue d'ici, vous a confié une haute mission que vous savez dignement remplir.

« Soyez les bienvenus ! »

Jamais l'histoire n'a eu à enregistrer un tel spectacle : voir fraterniser, en une telle communion de sentiments, deux grands peuples si différents de race, de langue et d'institutions politiques.

*Texte officiel des dépêches échangées entre Sa Majesté l'empe-
reur de Russie et M. le président de la République au moment
où l'escadre russe quitta la France.*

Le président de la République a reçu de S. M. l'empereur
de Russie le télégramme suivant, le 27 octobre 1893 :

Gatschina, 27 octobre, 11 h. 35 soir.

A Son Excellence M. le Président
de la République française, Paris.

Au moment où l'escadre russe quitte la France, il me tient à
cœur de vous exprimer combien je suis touché et reconnaissant de
l'accueil chaleureux et splendide que nos marins ont trouvé partout
sur le sol français.

Les témoignages de vive sympathie qui se sont manifestés encore
une fois avec tant d'éloquence joindront un nouveau lien à ceux
qui unissent nos deux pays et contribueront, je l'espère, à l'affermissement de la paix générale, objet de leurs efforts et de leurs
vœux les plus constants.

ALEXANDRE.

Le président de la République a répondu en ces termes
au télégramme de S. M. l'empereur de Russie :

Paris, 29 octobre, 10 h. 30 matin.

A Sa Majesté l'Empereur de Russie, à Gatschina.

La dépêche dont je remercie Votre Majesté m'est parvenue au
moment où je quittais, à Toulon, pour rentrer à Paris, la belle
escadre sur laquelle j'ai eu la vive satisfaction de saluer le pavillon
russe dans les eaux françaises.

L'accueil cordial et spontané que vos braves marins ont rencontré partout en France affirme une fois de plus, avec éclat, les
sympathies sincères qui unissent nos deux pays. Il marque en
même temps une foi profonde dans l'influence bienfaisante que
peuvent exercer ensemble deux grandes nations dévouées à la cause
de la paix.

CARNOT.

Dernière photographie de Carnot faite dans les jardins de l'Élysée
pour le tableau du peintre Poilpot.

CHAPITRE XI

SADI CARNOT A LYON (1894)

SA MORT

Malheureusement, à toutes ces fêtes, il faut ajouter le second séjour de Carnot à Lyon.

Le 23 juin 1894, le président de la République quittait Paris pour arriver à Lyon à 6 heures 15 du soir. Le but de son voyage était de donner par sa présence encore plus d'éclat à la magnifique Exposition universelle de la seconde ville de France.

Chose étrange ! Carnot, qui n'avait plus que quelques heures à vivre, ne parut jamais plus gai à son entourage. Il se plaisait à rappeler aux personnes qui l'accompagnaient l'accueil chaleureux qu'il avait reçu à Lyon en 1888. « A cette époque-là, disait-il, j'ai contracté une grande dette de reconnaissance envers les Lyonnais, et c'est pour moi un véritable plaisir de les revoir. »

Le chef de l'État fut reçu à son arrivée par le maire de Lyon, qui lui souhaita la bienvenue en ces termes :

« Monsieur le Président,

« J'ai l'honneur, au nom de la population lyonnaise, de vous adresser ses souhaits de respectueuse bienvenue. La population tout entière, unie dans une même pensée patriotique, s'est mise en fête pour saluer en vous la personnification de la Patrie et le chef du gouvernement de la République. »

Carnot répondit :

« Je vous remercie bien cordialement, monsieur le Maire, des paroles de bienvenue par lesquelles vous m'accueillez

Hôtel de ville de Lyon.

ici. C'est avec une vive joie que je viens faire une nouvelle visite à la ville de Lyon et apporter à sa population laborieuse, avec l'expression de mes sentiments personnels d'attachement, les encouragements de la République. »

Ces compliments échangés, le cortège officiel se mit en route pour se rendre à l'hôtel de ville.

L'entrée de Carnot dans la vieille cité lyonnaise fut une

SADI CARNOT, EN 1894

véritable ovation. Une foule immense et enthousiaste, difficilement contenue par les troupes, attendait le président de la République. Des cris de : Vive Carnot ! Vive la République ! l'accueillent dès son arrivée, alors que le canon tonne et que retentit l'hymne national.

A 7 heures, le président arriva à l'hôtel de ville. Les honneurs lui en furent faits par le maire de Lyon, qui prononça l'allocution suivante :

« Monsieur le Président de la République,

« J'ai l'honneur de vous présenter les membres du conseil municipal.

« En venant, pour la deuxième fois, visiter notre républicaine et démocratique cité, en rehaussant ces fêtes du travail et de la paix d'un incomparable éclat, vous avez donné à la ville de Lyon un témoignage de votre sollicitude. Nous vous en sommes profondément reconnaissants, et je suis heureux d'être l'interprète des élus de la cité pour saluer le chef de l'État, le citoyen éminent qui personnifie la Patrie et la République.

« Vive la République !

« Vive le Président Carnot ! »

Carnot répondit :

« Je vous remercie à nouveau, monsieur le Maire. Je suis très touché de la réception que me fait le conseil municipal de Lyon, je suis ému de l'accueil que j'ai rencontré en entrant dans votre cité, et je suis heureux de pouvoir remercier les représentants de la ville de Lyon. Je les prie d'être mes interprètes auprès de leurs concitoyens. »

Après avoir chaleureusement serré toutes les mains qui se tendaient vers lui, très ému, très touché, le président de la République dut se montrer à la foule qui l'acclamait sur la place des Terreaux. La réception était terminée.

Le cortège officiel se reforma, et, traversant la cour intérieure de l'hôtel de ville, se rendit immédiatement à la préfecture. Une brillante retraite termina cette première journée.

Le lendemain 24, toute la matinée fut consacrée aux réceptions, et l'après-midi se passa à l'Exposition.

Le soir, au palais de la Bourse, un banquet de mille

La préfecture à Lyon.

couverts fut offert par la ville de Lyon et le conseil général. En réponse au toast, qui dans cette soirée lui fut porté par le maire, Carnot fit l'éloquent discours que nous reproduisons ici, le dernier qu'il devait prononcer :

« Monsieur le Maire,

« J'ai contracté, en 1888, vis-à-vis de votre belle cité, une dette de reconnaissance que j'avais à cœur d'acquitter avant de toucher au terme de la mission qui m'a été confiée, il y aura bientôt sept ans, par les représentants du pays.

« La République traversait alors une période critique de son histoire.

« Tous ses adversaires, déclarés ou masqués, se donnaient
la main pour ébranler nos libres institutions. Le suffrage
universel se laissait surprendre. A la veille des glorieux
centenaires de la Révolution française, à la veille de l'Exposition universelle, le doute, l'inquiétude se glissaient dans
les âmes.

« La vaillante population lyonnaise n'a pas un instant

Le palais de la Bourse à Lyon.

faibli, et quand le gardien de la Constitution est venu lui
apporter le témoignage de son dévouement et de sa foi
dans les destinées de la République, il a trouvé chez elle
un accueil dont, pour lui, le souvenir restera ineffaçable.

« Le spectacle de cette démocratie laborieuse, déjouant
tous les pièges, affirmant sa confiance dans les institutions
du pays et demandant le progrès à leur développement
régulier, a mis en pleine lumière l'impuissance des ennemis de la République et apporté le plus précieux encouragement aux efforts de ses défenseurs.

« Que la cité lyonnaise et le département du Rhône

reçoivent ici notre cordial et patriotique remerciement.
En octobre 1888, nous donnions au commerce et à l'industrie de cette ruche admirable, rendez-vous à Paris pour la
joute courtoise qui devait s'engager, à six mois de là, entre
les travailleurs du monde entier.

« Fidèles au rendez-vous, ils ont porté dans les galeries
du Champ-de-Mars, avec leur noble devise « *Honneur et
Conscience* » des merveilles qui ont largement contribué au
rayonnant éclat de l'Exposition française.

« Si le pays vous a dû alors, une bonne part de sa gloire
industrielle, il est une autre manifestation lyonnaise qui,
dans des circonstances plus récentes, a fait battre les cœurs
dans la France entière à l'unisson des vôtres. L'écho n'en
est pas encore éteint, et, en parcourant les avenues de votre
cité, j'ai retrouvé aujourd'hui l'union des couleurs de deux
grands peuples dont la cordiale étreinte est une garantie
pour la paix du monde.

« Vos fêtes de l'année dernière ont continué celles de Paris
et sont venues resserrer entre les deux cités ces liens de
sympathies dont tout à l'heure, monsieur le Maire, vous
marquiez si justement les bienfaisants effets. Le concours
libéral de la capitale ne pouvait manquer à sa sœur lyonnaise,
à son émule en activité féconde et en patriotisme. Dans
l'entreprise grandiose qu'aujourd'hui votre courage et votre
dévouement ont su mener à bien, vous êtes suivis par l'intérêt attentif du pays entier, et c'est avec une vive émotion
et une joie profonde que j'ai passé, il y a quelques heures,
cette superbe revue de nos forces industrielles et commerciales. Au nom du gouvernement de la République, j'applau-
dis à votre succès et j'apporte à la ville de Lyon les remer-
ciements de la France.

« Le concours de tous les efforts, l'accord, la collabora-
tion de tous les enfants de la cité vous ont assuré ce succès
et vous ont permis d'élever ce monument splendide à la
gloire du travail et du génie français. C'est un noble et

salutaire exemple qui ne sera pas perdu. Dans notre chère France, il n'est plus de partis ; un seul cœur bat dans toutes les poitrines, quand l'honneur, quand la sécurité, quand les droits de la Patrie sont en cause. L'union de tous ses enfants ne saurait davantage lui faire défaut pour assurer la marche incessante vers le progrès et la justice dont il lui appartient de donner l'exemple au monde.

« Je bois à la prospérité de la vaillante ville de Lyon et du département du Rhône. »

Ces nobles et patriotiques paroles furent saluées par des applaudissements prolongés, qui se renouvelèrent pendant plusieurs minutes. Carnot quitta quelques instants après la salle du banquet. Une représentation de gala l'attendait au Grand-Théâtre.

. . . .

. . . .

En face du palais du Commerce, une foule immense acclamait le président qui, à grand'peine, était arrivé à monter dans son landau. L'enthousiasme à ce moment était indescriptible. Toutes les mains se tendaient vers Carnot.

La chaussée enfin dégagée, la voiture présidentielle put s'avancer. Au moment où elle allait tourner dans la rue de la République, un léger remous se produisit dans la foule des spectateurs. La voiture de plus en plus serrée par la foule, malgré l'escorte, dut s'arrêter. Alors doucement, Carnot dit aux deux cavaliers qui se tenaient près du landau : « Reculez-vous que je puisse voir. » Et, comme ceux-ci ne paraissaient pas l'avoir entendu, il renouvela son ordre. Ce fut cet ordre, que sa grande bonté lui dictait, qui allait le perdre.

En effet, jusqu'à ce moment, on avait empêché quiconque d'approcher. Un attentat était impossible. Mais, obéissant au commandement, les deux cavaliers s'écartèrent, laissant

un passage ouvert. Un homme descendant le trottoir parut sur la chaussée. Il portait un placet. Il s'avança près du landau et, profitant du moment où Carnot se penchait vers lui, l'homme, de la main droite, tira un poignard caché sous ce papier, et porta au président un coup de couteau à l'italienne dans le côté, de bas en haut.

Il y eut un moment de stupeur profonde.

On ne comprit pas sur-le-champ que Carnot venait d'être blessé ! Mais quand on vit le chef de l'État s'affaisser, livide, des cris furieux se firent entendre. La foule se précipita sur l'assassin, que l'on protégea difficilement jusqu'au poste voisin.

Pendant ce temps, la voiture du président s'éloignait au galop vers la préfecture. A l'arrivée, on sortit à grand'peine du landau, Carnot, que l'on transporta dans la chambre où il avait passé la nuit. Un instant après, le blessé rouvrit les yeux, et la voix faible, à peine distincte, il murmura : « Et surtout qu'on ne prévienne pas les miens. » Puis ses yeux se refermèrent. Les docteurs Poncet, Ollier et Gailleton étaient auprès du Président et lui donnaient les premiers soins, tandis que M. Rivaud, préfet du Rhône, se rendait au Grand-Théâtre annoncer la triste nouvelle.

Carnot, qui paraissait toujours évanoui, reprit connaissance, se plaignant d'être en proie à des souffrances atroces. Toutes les sommités médicales de Lyon, réunies au chevet du malade, jugèrent urgent de lui faire subir la laparotomie. Pendant toute l'opération, le patient montra une grande énergie, ne laissant échapper que ce cri : « N'est-ce pas bientôt fini ? Oh ! que je souffre ! C'est horrible ! »

L'opération terminée, comme on craignait une issue fatale si l'hémorragie se prononçait, les docteurs Poncet et Gailleton restèrent en permanence auprès du blessé. Malheureusement, à 11 heures et demie, l'hémorragie tant redoutée se déclara. De minute en minute le blessé s'affaiblissait.

La respiration devenait de plus en plus difficile, et bientôt commença l'agonie.

A ce moment, le docteur Poncet, profondément ému, se pencha vers le malade et lui dit : « Tous vos amis vous entourent, monsieur le président. » Un pâle sourire se des-

La foule au Panthéon, le lendemain des obsèques de Sadi Carnot.

sina sur les lèvres de l'agonisant, qui répondit : « Je suis très touché de leur présence; je remercie de tout ce que l'on fait pour moi. » Puis il pria le colonel Chamoin de s'approcher. Prenant les mains de ce dernier dans une suprême étreinte, il lui dit d'une voix étouffée par la souffrance : « Je suis bien touché ! Je suis bien touché ! mon ami ! je m'en vais !... je m'en vais !... »

Ce furent ses dernières paroles. Ses yeux se fermèrent. Carnot était mort. Il était minuit quarante-cinq.

*
* *

Le 25 juin, la ville de Lyon, sous le coup d'une émotion sincère, rendit à l'illustre victime un suprême hommage, et dans la nuit du 25 au 26 juin, le corps du président de la République, rentrant à Paris, fut ramené à l'Élysée.

Le 1ᵉʳ juillet, la France fit à travers Paris attristé de solennelles funérailles au regretté Carnot, et ce fut au Panthéon que l'on conduisit les restes de celui qui à sa Patrie avait donné « sa force, son dévouement », et plus encore, sa vie.

*
* *

Qui donc a dit que la démocratie était ingrate et oublieuse ? On la calomnie quand on la juge d'après le seul spectacle des discordes politiques et des dissensions qui l'agitent à la surface. Elle est comme la mer qui, dans ses tempêtes aveugles, brise parfois les barques des pêcheurs, mais qui porte et nourrit les braves gens qui s'attachent et se confient à elle. Le cri d'indignation et de douleur qui a retenti par toute la France à l'annonce du funeste événement, tant de témoignages renouvelés depuis lors, dans les villes et jusque dans les plus humbles hameaux, de sincères et unanimes regrets, prouvent bien que la démocratie sait aussi être reconnaissante, qu'elle sait discerner et glorifier ceux qui, au lieu de vouloir se servir d'elle, n'ont réellement voulu être et n'ont été que ses serviteurs désintéressés.

Il est vrai que le président Carnot a déployé des vertus républicaines si pures, une foi si ferme dans l'avenir des institutions dont il était le gardien, un patriotisme si généreux et si prévoyant, qu'il est tout naturel que ces qualités aient vaincu toutes les méfiances, apaisé tous les dissenti-

ments et gagné tous les cœurs ! Le crime de Casério a donné
aux mérites du président Carnot la consécration du mar-
tyre et a environné le front de la victime d'une auréole
triomphale que n'avait point rêvé sa modestie, sa simplicité.

Ce meurtre horrible l'a dérobé aux attaques injustes et
aux récriminations de l'esprit de parti. Il est entré de plein
pied dans l'histoire, et ses contemporains ont porté sur lui
le jugement même de la postérité. Par privilège réservé
d'ordinaire aux anciennes renommées que le temps a déga-
gées du cahot des dépositions contradictoires et de la pous-
sière des combats, cette noble figure nous est apparue tout
à coup grandie, lumineuse, sereine !

Et ce n'est pas seulement sa propre Patrie qui a proclamé
ses services et sa bienfaisante influence ; mais c'est toute
l'Europe, c'est le monde entier dont les chefs les plus
augustes, les représentants les plus autorisés se sont associés à notre douleur et à notre deuil national.

D'où venait donc ce rayon de gloire qui a resplendi sur
cette tombe soudainement ouverte ? Sans doute, le contraste
de l'œuvre accomplie par cet homme de bonne volonté et
de la récompense qu'il en recevait, a désarmé les inimitiés
et les préventions. La vérité obscurcie par les polémiques
quotidiennes a pu briller en pleine lumière. On a vu alors le
regretté président tel qu'il était, tel qu'il avait toujours été.

Dans les annales de la troisième République, la présidence de Carnot sera citée comme un modèle de correction
constitutionnelle. Il ne descendit jamais dans la mêlée des
partis et ne compromit jamais sa personne et son autorité
dans nos querelles intérieures. Il joua scrupuleusement son
rôle de conciliateur, de modérateur : rôle plus difficile que
brillant, puisqu'il vous contraint à prendre en toutes choses
la moyenne et vous tient également éloigné de tous les
extrêmes, où se complaisent les ambitions tapageuses ou
les stériles réactions.

Nous avons rappelé la situation compliquée et délicate au

milieu de laquelle il fut élevé à la présidence et comment il en sortit sans recourir une seule fois à d'autres moyens que les plus constitutionnels, les plus honnêtes et les plus simples. Il sut conserver un calme, une dignité de langage et d'attitude qui contribuèrent à raffermir les courages et à empêcher les diversions. Il n'hésita point à choisir des auxiliaires énergiques dont l'habileté l'aida à sauver la République du plus grand danger qu'elle ait couru depuis sa fondation.

Lors des scandales financiers et parlementaires qui suivirent, il sauva aussi l'honneur républicain en offrant dans sa vie publique et privée l'exemple et l'image de la probité incorruptible, du parfait désintéressement. Malgré les épreuves qu'il avait à traverser et les difficultés sans cesse renaissantes de la politique intérieure, il porta constamment son attention sur les questions d'intérêt national. La défaite du boulangisme, le succès éclatant de l'Exposition de 1889, puis enfin les fêtes fameuses de Cronstadt et de Toulon, sont dus, pour une large part, au président Carnot. Il obtint ces résultats si considérables, sans ostentation et sans emphase. Et ce ne sont point là des triomphes mesquins, de vaines intrigues où se complaisent les politiciens vulgaires. L'avenir de la liberté était engagé dans la bataille électorale de 1889, celui de l'industrie française dans les grandes assises du travail organisées à la même date, celui de la Patrie elle-même et la paix du monde dans les négociations poursuivies avec la Russie.

Le président Carnot s'est acquitté à son honneur de cette triple tâche qu'il s'était imposée et ces titres justifient à eux seuls tous les éloges et lui assurent la gratitude de tous les bons Français.

*
* *

Une nation s'honore en honorant ceux qui ont vécu et qui sont morts pour elle. Sur tous les points du territoire, des statues, des monuments se sont élevés; dans la plupart des villes de France, des rues, des places, des boulevards portent le nom désormais impérissable de Carnot, ce nom rendu fameux par trois générations d'illustres républicains et que nous ne saurions trop souvent rappeler à nos enfants, à nos successeurs.

Mais surtout, — et c'est l'hommage le meilleur et le plus digne de lui, — recueillons avec un soin jaloux la tradition qu'il a laissée, l'exemple qu'il a donné. Soyons les continuateurs de son œuvre : œuvre de conciliation au dedans, de pacification au dehors. Cette œuvre ne pourra être achevée et menée à bien qu'à l'aide des vertus mêmes qui l'ont inaugurée : *l'honnêteté, le respect des lois, le dévouement absolu à la Patrie et à la République.*

ACTE DE DÉCÈS DE SADI CARNOT

MAIRIE DE LYON

3ᵉ arrondissement   ACTE DE DÉCÈS

Extrait du registre de l'état civil du 3ᵉ arrondissement de la ville de Lyon. Année 1894.

Le 25 juin 1894, à 2 heures du soir, par-devant nous, adjoint au maire de Lyon, officier de l'état civil, délégué au 3ᵉ arrondissement, ont comparu les sieurs Carnot (Sadi), lieutenant au 27ᵉ d'infanterie à Dijon (Côte-d'Or), âgé de vingt-neuf ans, et Rivaud (Georges-Hilaire), commandeur de la Légion d'honneur, préfet du Rhône, cinquante ans, qui ont déclaré que Carnot (Marie-François-Sadi), ingénieur des ponts et chaussées, grand maître de l'ordre national de la Légion d'honneur, président de la République française, domicilié à Paris, palais de l'Élysée, né à Limoges (Haute-Vienne), le 11 août 1837, fils de feu Lazare-Hippolyte Carnot et Grâce-Claire Dupont, époux de Marie-Cécile-Pauline Dupont-White, père du premier déclarant, est décédé à Lyon, hôtel de la préfecture, ce matin, à minuit 45.

Le décès constaté, les déclarants ont signé avec nous après lecture.

PROCÈS-VERBAL DE L'AUTOPSIE

Les docteurs en médecine soussignés ont procédé aujourd'hui à l'autopsie de M. le président de la République française. Ils ont constaté les lésions suivantes :

La blessure siégeait immédiatement au-dessous des fausses côtes droites, à 3 centimètres de l'appendice xiphoïde. Elle mesurait de 20 à 25 millimètres et la lame, en pénétrant, avait sectionné complètement le cartilage costal correspondant.

La lame du poignard a pénétré dans le lobe gauche du foie, à 5 ou 6 millimètres environ du ligament suspenseur. Elle a perforé l'organe de gauche à droite et de bas en haut, blessant sur son passage la veine porte qu'elle a ouverte en deux endroits. Le trajet de la blessure dans l'intérieur du foie est de 11 à 12 centimètres.

Une hémorragie intra-péritonéale, fatalement mortelle, a été le fait de cette double perforation veineuse.

Lyon, 25 juin 1894.

Signé : Docteurs LACASSAGNE, Henri COUTAGNE, OLLIER, REBATEL, PONCET, Michel GANGOLPHE, FABRE.

COURONNE D'OR CISELÉ

OFFERTE PAR L'EMPEREUR DE RUSSIE

POUR LE TOMBEAU

DU PRÉSIDENT CARNOT

MADAME CARNOT

1843-1898

CHAPITRE XII

MADAME CARNOT

(1843-1898)

La biographie de Carnot terminée, nous étions rendu à la fin de la tâche que nous nous étions imposée. Mais après le malheur qui est venu frapper, à nouveau, la famille Carnot, le 30 septembre dernier, il est de notre devoir de faire connaître à la jeunesse française, en quelques lignes, ce qu'était la compagne dévouée du regretté président, cette noble épouse, cette mère de famille modèle.

Mme Carnot appartenait à une famille de la plus vieille bourgeoisie française, la famille Dupont-White. Il ne faudrait point croire, à cause de ce nom de Dupont, qui est celui de la mère et de la grand'mère du président de la République, qu'une parenté quelconque liât les familles des deux époux. Simple coïncidence, rien de plus.

Un trait de sa jeunesse la peint de façon charmante. Dans le ménage, d'ailleurs très uni, de ses parents, M. Dupont-White, l'éminent économiste, représentait les idées libérales en homme qui était secrétaire général de la justice en 1848, sous le ministère de Bethmont, tandis que sa femme avait été élevée dans l'admiration de la monarchie de Juillet. Mlle Dupont-White, la future Mme Carnot, départageait impartialement ses père et mère en parlant d'autre chose.

Mlle Cécile Dupont-White épousa, le 2 juin 1863, M. Sadi Carnot. Il avait vingt-six ans, elle en avait vingt. Ingénieur ordinaire de 3ᵉ classe — au traitement de 2 500 francs — M. Carnot emmena sa jeune femme à Annecy, où l'appelait ses travaux. Ils s'installèrent dans une maison modeste, qu'il nous fut donné de visiter lors du voyage présidentiel d'octobre 1888.

Nous allons essayer de décrire en peu de lignes ce que fut la première demeure de ce ménage, que le palais de l'Élysée devait avoir pour occupant vingt-quatre ans plus tard.

Après avoir franchi une porte basse et suivi un long couloir, on arrivait dans un grand jardin, le seul luxe de cette habitation si simple. Puis, ayant pénétré dans la maison et gravi le vieil escalier de pierre qui menait au premier étage, on se trouvait dans de vastes pièces au plafond très bas et tristes à donner le spleen. Au second étage, se trouvait la chambre naguère occupée par le jeune ménage. Sur les murs, au plafond, pas un ornement, pas une moulure. Deux fenêtres ouvrant sur les monts du Parmelan, de la Tournette et le rocher de Lachat. Pour tout horizon, de la neige, de la neige et encore de la neige. Le séjour n'avait par lui-même, on en conviendra, rien de bien attrayant, surtout pour la jeune Parisienne qu'était Mᵐᵉ Carnot. Mais bientôt les enfants vinrent égayer la triste maison, désormais historique, et la remplir de leurs joyeux ébats : en 1863, Céline ; en 1865, Sadi ; en 1867, Ernest. C'est donc à juste titre que M. Boch, maire d'Annecy, put dire au président Carnot : « Vous êtes presque notre concitoyen ».

Tandis que le jeune ingénieur s'occupait de la construction du quai d'Annecy, de la ligne de la Roche-sur-Foran, du viaduc d'Evires, etc.., Mᵐᵉ Carnot remplissait, elle aussi, sa tâche. Les Savoisiens n'étaient redevenus Français que depuis 1860 ; par ses bontés, par ses manières aimables, elle s'efforçait de faire encore mieux aimer son pays par ces braves gens.

Jamais union de deux cœurs ne fut plus absolue qu'entre

Mᵐᵉ CARNOT

M. et Mme Carnot ; jamais entente de goûts et d'aspirations
ne fut plus parfaite. Dévoués l'un à l'autre, adorant leurs
enfants, ils avaient à un même degré l'amour profond des
humbles et des déshérités ; d'un commun accord, ils s'effor-
çaient de découvrir et de soulager les infortunes, et leur
but suprême à tous deux, c'était la grandeur et la prospérité de leur pays.

Ils restèrent en Savoie jusqu'en 1871, époque à laquelle
Sadi Carnot fut nommé député de la Côte-d'Or.

De 1871 à 1887 Mme Carnot fut la compagne volontaire-
ment effacée du député, du sous-secrétaire d'État, du ministre. Lorsque son mari fut porté à l'Élysée (décembre 1887) Mme Carnot — car c'est d'elle que nous
devons spécialement nous occuper ici — montrant comment
se peut former une aristocratie républicaine, transforma
complètement la physionomie intérieure du palais de la
présidence. Grâce à elle, il devint bientôt le rendez-vous
du monde des lettres et des arts. A côté des hautes personnalités de la politique, de la diplomatie, de l'armée, on vit
tout ce que Paris compte d'artistes, de littérateurs, d'hommes
de science, fréquenter assidûment l'Élysée et donner aux
réceptions et aux fêtes un éclat tout particulier.

Douée d'une mémoire étonnante et d'une remarquable
présence d'esprit, Mme Carnot reconnaissait sans une hésitation ceux mêmes de ses visiteurs qui n'étaient pas de ses
familiers et que depuis longtemps elle n'avait pas vus.
Après des semaines, après le défilé de milliers de personnes
assistant aux bals, aux dîners, aux galas, elle se rappelait
la maladie d'un bébé et demandait avec sollicitude des
nouvelles à la mère.

Il ne se donnait pas de fête à l'Élysée qu'elle n'inspectât,
avant l'arrivée de ses visites, l'installation des salons et ne
fît elle-même disposer des gerbes de fleurs, qu'elle ne
trouvait jamais en assez grande abondance. Elle avait — il
faut bien le dire — pour la seconder dans ses mille détails,

pour la mettre au courant des désirs, des goûts, des préférences de chacun, un officier plein de tact, d'une sagacité
rare, le colonel Chamoin, dont elle écoutait les conseils
discrets et les respectueux avis. Aussi, sans que l'on eût
besoin de faire intervenir le protocole, ne releva-t-on pas
une seule fausse note durant les sept années que Mme Carnot
passa à l'Élysée.

Ce côté mondain ne lui faisait pas oublier les malheureux. En dehors des infortunes qui lui étaient signalées et
qu'elle secourait sur-le-champ, elle faisait rechercher les
détresses cachées, s'appliquant surtout à venir en aide aux
veuves et aux orphelins. Secrètement, elle avait installé à
l'Élysée ce que les intimes appelaient « *le ministère de la charité* ». Aux derniers jours de chaque année, elle faisait
porter à domicile de gros paquets contenant des vêtements
de laine, du linge, des layettes, des joujoux. Ces cadeaux
arrivaient aux destinataires de façon si discrète que — si
M. Mamoz vivait encore, il pourrait le dire — plus d'une
malheureuse ne sut jamais le nom de sa bienfaitrice et
plus d'un enfant a pu, à sa façon, paraphraser ces vers
connus :

> Oh ! qui que vous soyez, bénissez-la. C'est elle,
> La sœur, visible aux yeux, de mon âme immortelle,
> Mon orgueil, mon espoir, mon abri, mon secours,
> Toit de mes jeunes ans qu'espèrent mes vieux jours,
> C'est elle ! La vertu sur ma tête penchée.....

Les réceptions de l'après-midi étaient de tout point char-
mantes ; d'abord un peu intimidée, la personne qui s'y présentait pour la première fois ne tardait pas à être mise à
l'aise par la parfaite bonne grâce de l'accueil. Toute la sympathie que Mme Carnot faisait naître autour d'elle se repor-
tait naturellement sur le Président, sur cet époux dont elle
était fière à bon droit, mais dont l'élévation à la première
magistrature du pays n'avait provoqué en elle aucune vanité.

CHAPITRE XIII

NOËL A L'ÉLYSÉE

1889

A côté du Président, Mme Carnot recueillit, en 1889, sa
part. d'éloges pour la façon délicate dont elle avait su
rehausser l'éclat des fêtes données en l'honneur des princes
étrangers, des exposants, des maires des communes de
France, des ingénieurs, des artistes, des savants venus de
toutes les parties du monde.

Après ces hôtes d'élite, et pour clore la longue série des
réceptions par une œuvre où les plus humbles et les plus
déshérités seraient fêtés à l'égal des souverains, elle voulut
que les enfants pauvres eussent leur large part de réjouis-
sances.

Pour cela elle créa : le Noël de l'Élysée.

Le jour de Noël (25 décembre 1889), à une heure de
l'après-midi, arrivèrent au palais de l'Élysée des omnibus
contenant cinq cents enfants, garçons et filles de dix à douze
ans, les plus nécessiteux et les plus méritants des vingt
arrondissements de Paris, sous la conduite de leurs instituteurs et de leurs institutrices. Les jeunes invités prirent
place dans la grande salle des fêtes.

Mme Carnot, entourée des vingt maires de Paris et des
officiers de l'Élysée, fit son entrée au son des musiques
militaires jouant la *Marseillaise;* puis, s'étant placée à
côté d'un petit théâtre qui garnissait le fond de la salle :
« Mes chers enfants, dit-elle, je vous remercie d'avoir

répondu à mon appel. Le Président de la République se faisait une fête de venir au milieu de vous. Par malheur, il est encore forcé de garder la chambre. Sa maladie[1] néanmoins n'offre aucun danger et ne doit pas attrister notre Noël.

« J'aurai le plaisir, tout à l'heure, de remettre à chacun de vous des objets qui vous seront personnels et qui seront bien à vous : un livret, un vêtement, un volume, un fusil aux garçons, une poupée aux petites filles ; mais nous devons également penser à ceux qui ne sont pas ici, à vos frères, à vos sœurs. Vous trouverez pour eux dans vos paniers des images, du chocolat, et vous partagerez entre eux les petits joujoux qui vous seront donnés. En attendant, asseyez-vous. Des marionnettes vont vous jouer la comédie. »

Ces paroles furent vivement applaudies et sur le théâtre commença la représentation des marionnettes, aux grands éclats de rire de l'auditoire.

Le rideau tombé, le petit bataillon fut conduit autour d'un grand buffet ou chacun mangea de la brioche et but d'excellent vin chaud.

La collation terminée, Mme Carnot conduisit toute la troupe au pied d'immenses arbres de Noël, qu'elle dépouilla des jouets qui les décoraient, avec l'aide des officiers de la maison militaire du Président.

« Tu as une petite sœur? Tiens, voilà ! — Et toi, un petit frère? » Et ils recevaient les uns une poupée, les autres un fusil ou un livre d'étrennes. A chaque garçon on donnait un manteau de drap, à chaque fillette une chaude capeline de laine. En outre, ils recevaient tous, garçons et filles, un livret de caisse d'épargne de dix francs. — « A un tel. — Don de M. Carnot, président de la République. — Fête de Noël 1889. »

---

[1] L'influenza.

Curieux et touchant spectacle que celui de ces bambins,
les mains tendues, les yeux luisants d'un vif désir, tran-
quilles et silencieux cependant, quelque peu effarouchés
même de se voir l'objet de tant d'attentions.

Enfin, munis de leur butin, les cinq cents enfants furent
dirigés de nouveau vers les voitures qui devaient les ramener dans leurs quartiers.

C'était la première fois que le palais de l'Élysée voyait
une pareille fête.

L'enfant pauvre, admis en vertu de ses mérites chez le
chef de l'État, se souvient de cette faveur. Il peut attester
que les entrées du monde officiel ne sont pas uniquement
réservées aux riches et aux parvenus.

C'est en prenant l'enfant du peuple dans les conditions
les plus humbles, les plus difficiles, pour l'élever, le récompenser selon ses mérites, qu'on lui donnera le goût du bien
et l'amour du travail, outils plus sûrs contre les lenteurs du
progrès humain, que la violence et l'irritation.

C'est en se mêlant autant que possible et toujours d'une
manière plus intime aux classes laborieuses, au peuple, que
les aristocraties du haut commerce, de la haute industrie
et de la haute finance effaceront un peu de ces inégalités
trop souvent imméritées. C'est ainsi qu'elles renverseront
des préventions quelquefois injustes et qu'elles contribueront à cet accord si désirable entre les classes de notre
société moderne.

CHAPITRE XIV

LE 24 JUIN 1894

Chaque départ du Président était pour Mme Carnot un véritable déchirement. « Je vous le confie, disait-elle au général Brugère, dont elle connaissait le dévouement absolu et inaltérable ; vous en avez la garde, ramenez-le vite ! » La confiance dans le général Brugère était bien placée : jamais Président ne fut entouré de soins plus affectueux, ne fut l'objet de plus de prévenances. Lorsque Carnot fit son voyage en Corse, un léger accident retarda son arrivée à Bastia. Au moment où le train quittait la gare de Soveria, deux voitures d'un train en manœuvre se détachèrent et se renversèrent sur la voie. Cet accident fut signalé au chef du train présidentiel, qui put ainsi éviter une catastrophe. Mais, craignant qu'en arrivant à Bastia les journalistes ne télégraphiassent, en l'amplifiant, cette nouvelle « sensationnelle », le général Brugère profita du temps que laissait le déblaiement de la voie. Il fit prévenir l'infatigable inspecteur des télégraphes, M. J. Willot, qui était dans le train, d'avoir à relier son appareil volant avec les fils télégraphiques de la voie. Ce travail fait, il l'invita à mettre Mme Carnot au courant des faits, tels qu'ils s'étaient passés. Vingt-quatre heures après, les journaux pouvaient raconter ce que bon leur semblait : Mme Carnot n'avait plus à s'en inquiéter.

L'avenir a malheureusement prouvé que Mme Carnot n'avait que trop raison d'être inquiète lorsque son mari partait. Avant le fatal voyage de Lyon, à l'une de ses der-

Le château de Presles au commencement du XIXᵉ siècle (d'après un dessin de Paul Huet).

nières réceptions, elle ouvrit son cœur à quelques amis.
On était au mois de juin, et le septennat de M. Carnot
devait finir en décembre. On savait que, fidèle à une haute
conception de l'idée républicaine, il ne se représenterait
pas et se retirerait à Presles, qu'il avait fait aménager
selon ses goûts. Alors Mme Carnot, désireuse de retrouver
cette vie d'intérieur, cette existence de famille, ces douces
soirées passées entre son mari et ses enfants, laissa échapper cette phrase : « Oui, dans quelques mois, nous pos-
séderons M. Carnot, que ses fonctions nous ont arraché...
Voilà sept ans que je n'ai plus de mari et que mes enfants
n'ont plus de père... » Hélas ! le doux rêve ne devait pas
se réaliser.

C'est bien à tort qu'on a prêté à Mme Carnot une influence prépondérante sur les décisions du Président ; si,
par amour-propre, elle se préoccupa de ce que la presse
publiait sur son mari, elle se tint toujours à l'écart des
combinaisons politiques et n'intervint jamais auprès de
ses collaborateurs. Une fois — une seule — elle sollicita
une... faveur d'un ministre, Dieu sait quel effort cela lui
coûta ! M. Delcassé était alors ministre des colonies. Un
soir, après un dîner à l'Élysée, Mme Carnot le prit à part et
lui dit : « Je suis confuse, mais j'ai un gros service à vous
demander... » M. Delcassé, qui est l'affabilité en personne,
répondit : « Je vous en supplie, madame, demandez ; je
vous suis tout acquis. » Et déjà il envisageait la possibilité
d'une vaste concession à accorder ou d'une nomination à
un poste important. Timidement, Mme Carnot reprit : « Si
je suis indiscrète, vous ne m'en voudrez pas ?... Le fils
d'une de mes amies est un philatéliste fervent, et je lui ai
promis d'obtenir de vous une collection de timbres coloniaux... » Voilà le genre de services que Mme Carnot
demandait aux collaborateurs de son mari.

La fonction suprême, la sainte femme ne l'avait certes
pas enviée. De combien de larmes, pourtant, de combien

de douleurs elle paya ces honneurs dont elle avait eu sa part !

Le 24 juin 1894, M. Charles Dupuy, président du conseil, qui se trouvait à Lyon avec le président, téléphona à M. Guérin, ministre de la justice, pour le prier d'aller annoncer à Mme Carnot que son mari venait d'être grièvement blessé. Elle partit aussitôt, accompagnée de deux de ses fils, Ernest et François. Ce fut à Dijon que M. Cunisset-Carnot prépara la malheureuse femme à apprendre toute l'épouvantable vérité. Il accomplit cette pénible mission avec tout son cœur.

La digne épouse du Président arriva à 6 heures 45 du matin à la gare de Lyon-Vaise. Son fils aîné, Sadi Carnot, l'avait précédée de trois heures. Mme Carnot savait alors quel éternel malheur la frappait. Elle était partie de Paris, vêtue comme à l'ordinaire, coiffée d'un chapeau violet : pouvait-elle prévoir un crime aussi effroyable ? A sept heures, elle pénétra dans la chambre de M. Rivaud, préfet du Rhône, où le président était étendu sur un lit. La scène fut atroce. La douleur de cette malheureuse femme et de ses enfants fut inexprimable.

Quelques heures après, à la hauteur de son devoir et retenant ses larmes, elle dit ce qu'il fallait faire : « Le corps partira à sept heures du soir, pour arriver à Paris au lever du soleil. »

Et tandis que la foule se livrait à une manifestation grandiose sur le passage du funèbre cortège, Mme Carnot, accompagnée de sa fille, Mme Cunisset-Carnot et du docteur Planchon, gagnait la gare du Midi et prenait place dans le train qui devait ramener le corps du Président.

Ce terrible calvaire, elle le gravit avec un courage surhumain, comprimant l'explosion de sa douleur et renfermant dans son cœur les tortures auxquelles elle devait succomber.

CHAPITRE XV

Mme CARNOT ET LES SOUVERAINS RUSSES

Mme Carnot ne put se cloîtrer dans son deuil ; il lui fallut répondre aux innombrables marques de sympathie qui l'assiégeaient, et, sortant de l'oratoire où elle avait rassemblé tous les souvenirs qui se rapportaient à son mari, elle recevait dans son salon de l'avenue de l'Alma, avec la grandeur simple et la dignité calme sous lesquelles on sentait son âme meurtrie, les amis et les personnages officiels qui ne cessaient de lui rendre visite, la considérant un peu comme la présidente douairière de la République française.

Le 8 septembre 1895, Mme Carnot et ses fils reçurent à Nolay ; c'était la première fois qu'elle reparaissait en public. M. Raymond Poincaré présidait la cérémonie. En arrivant à Nolay, il résuma, par ces mots adressés au maire, la pensée de tous les invités : « En venant ici, je remplis un devoir doux et pieux à mon cœur. » Quelques instants après, il prouva cette piété en parlant de Carnot dans des termes éloquents et émus qui ne s'effaceront jamais de notre souvenir. C'est entourée de ses parents, de ses amis, de Mmes Cunisset-Carnot, Ernest et Anaïs Carnot, Saverot, de la Grange, veuve Joseph, Sidonie, Sautereau du Part et d'une délicieuse jeune fille, Émilie Cunisset, que Mme Carnot, les cils emperlés de pleurs, remercia l'éloquent orateur qui venait de parler.

La veuve du Président n'avait plus qu'un but : consacrer sa vie à conserver aux yeux du monde la grande figure de Carnot. Tout ce qui lui restait de force et d'énergie, elle l'employa à rechercher les occasions de rappeler cet homme de bien au souvenir de la foule, de faire redire tout ce qu'il avait fait pour son pays.

Le 7 octobre 1896, elle parut au gala de l'Opéra offert au tsar et à l'impératrice de Russie. Cette soirée fut à la fois douce et pénible à son cœur. Elle ne s'y rendit que pour témoigner de sa sympathie envers les souverains russes et pour qu'on n'oubliât pas que le premier promoteur de l'Alliance avait été le président Carnot.

On sait que lorsque l'empereur de Russie vint à Paris, une des premières personnes qu'il demanda à recevoir fut Mme Carnot. Nicolas II accomplissait ainsi une recommandation de sa mère l'impératrice douairière.

En effet, dès l'arrivée du tsar en France, Mme Carnot reçut de Cherbourg une dépêche officielle l'informant que l'empereur et l'impératrice de Russie avaient émis le désir de la recevoir le jour même de leur arrivée à Paris.

Profondément touchée de cette délicate attention, qui était un hommage rendu à la mémoire du regretté président de la République, Mme Carnot se rendit à l'ambassade de Russie le jour de l'arrivée des souverains.

L'impératrice reçut aussitôt Mme *Carnot. Immédiatement* Sa Majesté lui témoigna une si affectueuse et si cordiale sympathie que les larmes montèrent aux yeux de la veuve inconsolée du Président.

La tsarine rappela qu'elle se trouvait auprès de sa grand'-mère, l'impératrice *Victoria, quand elle apprit l'assassinat* du Président.

Une sincère douleur fut éprouvée par toute la cour à cette tragique nouvelle. Sa Majesté ajouta que la Russie tout entière avait éprouvé de profonds regrets en apprenant la mort qui mettait en deuil si inopinément notre pays, et que la disparition d'un chef d'État qui avait joué un rôle si important dans l'union de la France et de la Russie avait causé une affliction générale parmi ses sujets.

« C'est pourquoi, ajouta la gracieuse interlocutrice de Mᵐᵉ Carnot, j'ai tenu à ce que vous fussiez une des premières personnes que je reçoive en France. C'est dans un même sentiment que l'empereur tient à visiter le tombeau du président Carnot au Panthéon. »

Profondément touchée par ces paroles si franchement sympathiques, Mᵐᵉ Carnot remercia Sa Majesté de son gracieux accueil et de la délicate attention du tsar.

Au moment où elle prenait congé de l'impératrice, Sa Majesté la pria d'attendre quelques instants encore et elle se fit amener par une demoiselle d'honneur la jeune Grande-Duchesse Olga. Mᵐᵉ Carnot soutint un moment l'enfant dans ses bras et l'embrassa tendrement.

Dans ce baiser, tout le passé s'unissait à l'avenir. C'était, sous une forme exquise, sceller l'amitié d'un peuple pour l'autre, l'union des âmes russes et françaises.

Après ces fêtes patriotiques, les deuils continuèrent à frapper Mᵐᵉ Carnot. Elle perdit successivement sa belle-mère, Mᵐᵉ Hippolyte Carnot et la fille de son fils Ernest. À la veille du mariage de son fils François, les invitations à une soirée de fiançailles lancées, *Mᵐᵉ Thome, belle-mère de ses fils, mourut.* La veuve du Président ne devait pas quitter ses vêtements de deuil...

Mᵐᵉ Carnot avait fait de sa vie deux parts : l'une consacrée au souvenir de celui qu'elle ne cessait de pleurer, *l'autre consacrée au bien.*

En dehors du temps qu'elle consacrait au souvenir de son mari, à ses enfants qu'elle affectionnait si tendrement, *elle employait des heures entières à monter par ces rues où sont amassés les flots populaires, où de pauvres femmes souvent privées de soleil sont condamnées à un rude et âpre travail, afin de gagner le pain du jour, pour elles et leurs enfants, cherchant dans leurs mamelles un peu de lait pour leur nouveau-né.* Là elle prodiguait des paroles de consolation à ces « pauvres femmes du peuple qui ont parfois, disait-elle, toutes les exquises délicatesses de la femme la mieux élevée et qui sont condamnées à un pain rare, difficile, à des souffrances perpétuelles, aux insomnies de la vie ». Plus d'une fois, elle a vidé sa bourse, pourtant bien garnie, pour soulager toutes ces infortunes; toujours, elle quittait ces malheureuses moins tristes après son départ.

Après l'affreuse mort de son mari, quelques jours après la grandiose cérémonie des obsèques au Panthéon, le gouvernement fit part à Mme Carnot d'un projet de dotation en sa faveur.

Elle répondit par cette lettre qui montre l'élévation de son caractère :

M. le Président du Conseil était venu, au nom de ses collègues, m'entretenir d'un projet de pension ou dotation.

Mais bien que très touchée, nous avons estimé, mes enfants et moi, que la France, en faisant au président Carnot avec une telle unanimité, des obsèques nationales si grandioses, lui a rendu le suprême hommage, le seul digne d'elle et de lui.

C'est alors qu'une souscription nationale s'ouvrit, parmi les femmes de France, pour la fondation d'une œuvre philanthropique en souvenir du président Carnot.

On demanda à Mme Carnot de vouloir bien indiquer elle-même à quelle œuvre d'assistance elle désirait attribuer les fonds recueillis.

Mme Carnot fixa son choix sur une œuvre ayant pour but de venir en aide aux veuves nécessiteuses, chargées de famille.

C'est l'Académie des sciences morales et politiques qui se chargea de gérer les plusieurs centaines de mille francs de l'œuvre de la « Fondation Carnot ».

Chaque année le 24 juin, jour anniversaire de la mort de

Sadi Carnot, les revenus des sommes souscrites sont dis-
tribués aux mères sans soutien.

Mme Carnot assurait ainsi, après elle, la continuation des
œuvres de bonté auxquelles elle aimait à donner son temps
et ses soins.

CHAPITRE XVI

LA FERTÉ-ALAIS

CHATEAU DE PRESLES — MORT DE Mme CARNOT

Depuis la mort de son mari, Mme Carnot venait, chaque année, passer quelques mois au château de Presles dans Seine-et-Oise. Elle arrivait avec les premiers beaux jours et ne repartait généralement qu'au commencement d'octobre. Elle menait une vie retirée, partageant son temps entre ses enfants qui la venaient visiter et les bonnes œuvres. Les pauvres de Cerny et de la Ferté-Alais recevaient chaque année de nombreux secours de sa part.

Le 18 juillet 1898, la Ferté-Alais était en fête. La coquette petite ville, auprès de laquelle se trouve le château de Presles, inaugurait un monument à Carnot, et, sur une estrade, la digne veuve de l'ancien Président reçut les hommages des hommes politiques invités à cette cérémonie et des habitants de la région.

Nous devons à notre ami Bertol-Graivil, qui a bien voulu nous la confier, la lettre ci-contre qu'il reçut de Mme Carnot, pour l'inviter à assister à l'inauguration du monument à la Ferté-Alais. Quel style simple et touchant :

Presles
⊠ La Ferté-Alais
(Seine & Oise)

ce 7 Juillet

Ci-joint, cher Monsieur, une convocation pour une petite fête qui se prépare dans notre petit chef-lieu de canton. Le cadre sera très restreint et ma liste d'invitations aussi. Je suis donc très désireuse qu'il n'en soit pas parlé dans les journaux.

Mon cordial souvenir.

S. Carnot

« Nous nous rendîmes à cette aimable « convocation »,
nous dit Bertol-Graivil, et ainsi que nous le constatâmes,
jamais pareille fête ne fut donnée à la Ferté-Alais. Tout ce
petit chef-lieu de canton était pavoisé aux couleurs russes
et françaises. M. Charles Dupuy, en des termes très émus,
retraça la vie du président Carnot, et les populations
accourues de toutes les communes environnantes saluèrent
respectueusement la femme dévouée dont le culte pour son
mari grandissait chaque jour. »

Malheureusement les jours se suivent mais ne se res-
semblent pas. Le 1er octobre, sous le soleil d'automne, froid
et blanc, la Ferté-Alais était triste. La nouvelle de la mort
subite de celle que les paysans appelaient « *la fée du pays, la
bonne dame* », s'était répandue avec une étonnante rapidité.

Mme Carnot venait de succomber à une maladie de cœur,
au château de Presles. C'est là dans cette maison, qui lui
rappelait de si doux souvenirs et où elle retrouvait, pour
ainsi dire, la pensée de l'absent, de celui qu'elle n'a cessé
de pleurer depuis l'abominable attentat de Lyon, qu'elle
s'est éteinte subitement.

Le château de Presles est situé au fond de la vallée de l'Es-
sonne, dans un site magnifique, entouré de collines boisées.

Bien que distant à peine d'un kilomètre de la gare de la
Ferté-Alais, il est sur le territoire de la commune de Cerny,
petite localité de l'arrondissement d'Étampes.

La propriété de la famille Carnot se trouve en bordure de
la route d'Arpajon. Toutefois l'entrée principale, — une simple grille en fer sans aucun ornement et flanqué de deux énor-
mes marronniers boules — s'ouvre sur la route d'Étampes.

Le domaine, qui comprend plusieurs hectares, est complètement entouré de murs; il est bordé par des chemins
et par une petite rivière qui contourne de gracieux et minuscules îlots où Mme Carnot aimait à se reposer.

Le parc, dont les arbres séculaires apparaissent de loin,
est un des plus beaux et des mieux entretenus de la région.

Peu de temps avant sa fin tragique, le regretté Président y avait fait faire d'importants travaux. Un charmant petit ruisseau qui roule sur un lit de cailloux traverse la propriété d'un bout à l'autre et va se perdre dans les prairies.

On aperçoit à peine le château du dehors et seulement du côté de l'entrée principale. Il est tout neuf, en briques rouges et pierres blanches. Le président Carnot en fut l'architecte, et patiemment, amoureusement, il en traça le plan, quand, à l'Élysée, il rêvait de cette retraite où il comptait passer, heureux, les derniers jours de sa vie. De l'ancienne résidence de Lazare Carnot, il ne reste qu'une tour massive, épaisse, transformée en musée de famille. Mais le grand Carnot planta de sa main à peu près tous les arbres du parc, et aujourd'hui ces arbres sont des géants qui forment une voûte de verdure impénétrable, au milieu de laquelle se cache le château.

Aucun souvenir marquant, sauf ceux de la famille Carnot, ne s'attache à Presles.

Quatre années se sont écoulées depuis l'assassinat du regretté président de la République, et rien chez Mme Carnot ne faisait prévoir une fin si proche.

« Elle était pleine de santé, nous disait un de ses fils, M. Sadi Carnot. Il y a deux ans, ma mère subit une grave opération qui avait mis ses jours en danger ; mais peu à peu nous la vîmes revenir à la vie, et jamais elle ne se porta mieux que depuis une année. De bonne heure levée, elle parcourait le parc, des heures entières, intrépide marcheuse, ne se ressentant jamais de la fatigue, et sa maladie de cœur elle-même, dont elle était depuis longtemps atteinte, ne se manifestait plus par la moindre souffrance.

« A Presles, où elle passait de longs mois, elle vivait au milieu de ses souvenirs, réalisant un à un les projets que mon pauvre père et elle avaient formés à l'Élysée, quand la journée officielle était finie. Elle aimait Presles pour lui,

Le château de Presles en 1888 (d'après un dessin de Sadi Carnot, communiqué par la famille).

parce que sa pensée y était présente partout, et parce que
cette pensée lui était nécessaire quelque effort que l'on fît
pour la distraire. Si les soucis de maîtresse de maison,
quand des parents ou des amis venaient accepter son hospitalité, l'absorbaient un instant, on la voyait bientôt disparaître : elle allait, par les allées, promener sa mélancolie,
s'entretenir avec l'absent.

« Ce retour à la santé, qui nous avait remplis de joie, ne
paraissait pas lui faire illusion, et sans faiblesse, avec la
méthode qu'elle apporta toujours à tous les actes de sa vie,
elle se préparait à la mort. Elle savait qu'elle succomberait
à sa maladie de cœur et que la fin viendrait avec une rapidité foudroyante. C'est pourquoi elle établissait auprès
d'elle une sorte de permanence entre ses enfants pour ne
pas être surprise seule, entourée de domestiques, quand la
mort apparaîtrait. Mon beau-frère et Mme Cunisset-Carnot
ont passé ici quelques semaines ; puis est venu le tour de
François et de son ménage ; enfin, moi, qui n'avais jamais
eu un aussi long congé, je vivais maintenant auprès de ma
mère et l'aidais à faire ses préparatifs de départ.

« Nous devions rentrer mercredi prochain à Paris ; elle
avait, en outre, le grand désir de se rendre à Amsterdam
pour y visiter l'exposition de Rembrandt. Toutes les malles
étaient bouclées.

« Avant-hier, ma mère avait fait sa promenade habituelle. Elle avait pris ses dispositions charitables pour la
contrée, où tous les pauvres la connaissaient et l'aimaient.
Sa sollicitude pour les veuves et les orphelins était aussi
ardente qu'au temps où elle exerçait auprès de mon père le
ministère de la charité. Le soir, elle resta à sa fenêtre et
se coucha assez tard. C'était une imprudence qui avait
amené une enflure rhumatismale de la main. Le lendemain
elle ressentit une douleur au cœur et une gêne de respiration. Elle garda la chambre, puis se mit au lit. Le médecin,
appelé vers cinq heures, la gronda un peu, lui donna une

potion pour combattre son rhumatisme et partit sans inquiétude. Je dînai seul, rassuré par la femme de chambre qui,
s'étant approchée sur la pointe des pieds du lit de ma mère,
la vit tournée du côté de la ruelle, paraissant dormir. A
huit heures, je remontai dans la chambre, j'appelai ma
mère, qui avait gardé la même position. Elle ne répondit
pas. Je la touchai légèrement, elle était morte.

« Par une fatalité étrange, malgré nos précautions, ma
mère est morte seule, sans qu'une main amie ait pressé sa
main, comme mon père est mort, loin des siens, dans l'a-
bominable tragédie de Lyon. »

Ne pouvant espérer reposer auprès du président Carnot,
qui dort son dernier sommeil dans les caveaux du Panthéon,
Mme Carnot avait tout arrêté pour ses funérailles et tout
prévu minutieusement dans les moindres détails. Elle avait,
de sa propre main, préparé la liste des intimes à prévenir
télégraphiquement de sa mort, et indiqué sur un registre
d'adresses les personnes qu'elle désirait qu'on invitât à
ses obsèques. Elle avait fait réserver sa place à côté de
sa chère mignonne, et de son adorée fillette, l'enfant de
M. Ernest Carnot. « Je serai près d'elle, au cimetière, ne
pouvant être à côté de son grand-père », et c'est au cimetière de Passy que la sainte femme repose.

La tombe de Mme Carnot, dans le petit cimetière de Passy,
est devenue en quelque sorte un lieu de pèlerinage pour les
nombreuses mères de famille qu'elle secourait de son vivant
et dont elle a assuré l'existence par son testament.

Quelques fleurs sont piquées aux bronzes de la porte du
mausolée, chrysanthèmes blancs apportés par ces pauvres
femmes, hommage discret à la mémoire de celle qu'elles
ne peuvent plus autrement remercier de ses bienfaits qui
n'ont pas péri avec elle.

La reconnaissance ne serait donc pas un vain mot!

ACTE DE DÉCÈS DE Mme SADI CARNOT

L'acte mortuaire de Mme Carnot a été dressé à la mairie de Cerny, dont dépend le château de Presles.

Le voici :

L'an mil huit cent quatre-vingt-dix-huit, le premier octobre, à onze heures du matin, par-devant nous, Édouard Remond, maire et officier de l'état civil de la commune de Cerny, arrondissement d'Étampes, département de Seine-et-Oise, sont comparus Lazare-Hippolyte-Sadi Carnot, âgé de trente-trois ans, capitaine au 39e régiment d'infanterie, demeurant à Paris, 21, avenue de l'Alma, et Léon-Adolphe-François Carnot, âgé de vingt-cinq ans, ingénieur des arts et manufactures, demeurant à Paris, 16, avenue du Trocadéro, tous deux fils de la décédée, lesquels nous ont déclaré que Marie-Pauline-Cécile Dupont-White, âgée de cinquante-cinq ans, propriétaire, domiciliée à Paris, avenue de l'Alma, 21, née à Paris, fille de Charles Brook Dupont-White, décédé, et d'Olympe Corbie, sa veuve, âgée de quatre-vingts ans, propriétaire, demeurant à Paris, 15, rue du Mont-Thabor, veuve de Marie-François-Sadi Carnot, président de la République française, grand-maître de l'ordre de la Légion d'honneur, est décédée hier en cette commune, au château de Presles, à sept heures et demie du soir. Et, après nous être assuré du décès, nous avons signé le présent acte que les déclarants ont signé avec nous, après lecture faite. (Suivent les signatures.)

CHAPITRE XVII

L'AUMONE EST SŒUR DE LA PRIÈRE

TESTAMENT DE Mme CARNOT. — DES BIJOUX

Mme Carnot avait dicté les dispositions par lesquelles elle faisait aux pauvres une part dans sa succession. Son œuvre, la *Fondation Carnot*, attirait tout particulièrement sa sollicitude. Elle avait rapproché de l'assassinat du président Carnot la situation d'une famille malheureuse privée de son chef, « la veuve restant avec quatre enfants ». Après avoir remis à l'Académie des sciences morales et politiques le capital de 11 000 francs de rente à répartir, par secours de 200 francs, à cinquante-cinq veuves d'ouvriers chargées d'enfants n'ayant pas de retraite à attendre de l'État, elle s'était aperçue bien vite que sa fondation n'était pas complète, les candidats de la misère étant chaque année plus nombreux. Aussi fit-elle à ses amis des appels discrets, légua-t-elle à l'Académie des sciences morales et politiques au profit des veuves pauvres une somme de 50 000 francs et pria-t-elle ses fils de vendre, pour son œuvre, les diamants qu'elle avait portés à l'Élysée, lors des réceptions officielles.

Le samedi 3 décembre 1898, eut lieu à la salle de la rue Drouot, la vente des bijoux.

Nous empruntons à notre ami Alexandre Hepp, du *Journal*, les lignes suivantes :

DES BIJOUX

Ce n'est pas une grande vente de bijoux qui s'annonce pour samedi prochain 3 décembre, ce n'est pas une de ces séances parisiennes où chaque pierre, tout chaton et tout fermoir sont à légende, avec une biographie qu'on se murmure en des airs régalés de bonne histoire ; rien de tapageur ou de déchu, rien qui excite le désir par un certain prestige malsain des choses : mais la chambrée n'en sera pas moins belle, et l'objet du catalogue n'en sera pas moins disputé.

Oh, ce catalogue ! Non plein des énumérations splendides, et qui vous laissent rêveur, avec des inquiétudes ; le lot est simple, la description est courte : trois tout petits paragraphes, perdus dans une grande page. Désignation : deux boutons d'oreilles, formés chacun d'un fort brillant ; rivière double, composée de trente brillants, reliés par une chaîne. Et ce sont les bijoux qu'a voulu vendre M\u1d50\u1d49 Carnot, au profit des veuves d'ouvriers, chargées d'enfants. Dans ces quelques lignes étonnantes de petit aspect, que de choses pourtant ! toute la pureté d'une noble vie accidentée de grandeur, tout le rayonnement de l'honnêteté modeste, toute la grâce d'un sentiment vrai. Et ces bijoux qui comparés à tant d'autres ne sont rien, que tant d'écrins célèbres font rentrer dans la médiocrité, prennent cependant une beauté bien supérieure et leurs feux ont une clarté où ne parviennent les plus magnifiques. C'est que ces diamants brillent d'une pensée.

Pensée de femme, à laquelle sans doute les diamants ne doivent comprendre rien, car ils ne sont pas habitués à en inspirer de semblables ; ils ignoraient cette destinée, de passer de main en main, au nom des pauvres, et pour les pauvres ; ils connaissent les surprises de la grande vie et du roman, tout ce qui se blague sous prétexte de cœur, — ils ne connaissaient point les inspirations d'une âme. Voici. Maintenant dans leur histoire, si souvent sanglante ou infâme, il y a quelque chose de touchant, et depuis Cornélie, les bijoux, qui ont tué Marguerite, n'ont été à pareille fête. Quelle surprise, quelle réhabilitation, et quelle revanche ! Et tandis que se prépare cette petite cérémonie d'encan, je songe à ce hasard qui fait des bijoux d'une bourgeoise présidente quelque chose de plus vraiment précieux et de plus noble que tous les diamants de la Couronne.

Ces bijoux, mis en vente, ont été adjugés pour la somme de 120 000 francs.

Voici la lettre que M. Sadi Carnot, capitaine au 39ᵉ régiment de ligne, a adressée de la Rochepot, près Nolay (Côte-d'Or), à M Georges Picot, secrétaire perpétuel de l'Académie française, et lue dans la séance du 17 décembre 1898 :

Monsieur le secrétaire perpétuel, les diamants laissés par ma mère ont été vendus aux enchères publiques, conformément à ses intentions écrites dont il avait été donné connaissance à l'Académie. Ils ont été adjugés, au prix de 120 000 francs, dépassant ainsi de plus du double la valeur de son legs à la fondation Carnot.

Les conditions dans lesquelles cette vente s'est effectuée témoignent que l'acquéreur, demeuré anonyme, a voulu s'associer d'une manière aussi généreuse que discrète à l'œuvre humanitaire qui devait en bénéficier.

D'autre part, le commissaire-priseur et les experts chargés de la vente ont libéralement fait abandon de tous honoraires pour que le prix atteint ne subît aucune réduction.

J'ai donc l'honneur de vous faire connaître que, indépendamment du legs de Mme Carnot, une somme de 70 000 francs, nette de tous frais, sera mise à la disposition de l'Académie des Sciences morales et politiques par les soins de M° Fontana, notaire à Paris, pour être ajoutée au capital de la fondation Carnot.

Veuillez agréer, monsieur le secrétaire perpétuel, la nouvelle expression de mes respectueux et dévoués sentiments.

CARNOT.

Mme Carnot, avait hérité par ses traditions de famille, essentiellement libérales, des meilleures qualités de la génération de 1830 et les incarnait dans un type féminin où le plus rare bon sens s'enveloppait de grâce et de bonté. Fille d'un homme de grande érudition politique et de forte pensée, elle avait reçu l'éducation la plus saine et la plus libérale. Entrée ensuite dans la famille Carnot, elle avait pu y développer en toute simplicité et aisance ses dons de nature.

Sans jamais sortir de son rôle d'épouse et de mère, on peut bien constater aujourd'hui qu'elle a été la force et l'honneur de celui dont elle a porté le nom avec une si grande dignité. Étant sans prétention ni ombre de vanité mondaine Mlle Cécile Dupont-White ne s'est pas plus trouvée hors de sa place dans la plus haute position que dans la plus ordinaire. Toujours et partout, à tous les moments d'une extraordinaire fortune, dans les plus grandes joies comme dans les plus cruelles épreuves de la vie, elle a eu une raison assez ferme pour toujours discerner son devoir et assez de volonté et de cœur pour s'y tenir.

Cette dignité discrète a été le trait distinctif de sa vie. Mme Carnot imposait le respect et l'estime à force de se respecter elle-même. Elle s'intéressait à l'œuvre politique de son mari et, si elle conseillait, ce n'était jamais qu'au foyer et aux heures ou le président Carnot discutait sa conduite ou ses responsabilités avec sa propre conscience. Mme Carnot apportait la même discrétion dans sa dévotion. Elle était religieuse pour elle-même, non pour les autres ni pour la galerie. Elle ne mettait aucune *ostentation* dans sa piété. Celle-ci se trouvait, pour la même raison, exempte de tout fanatisme, de tout zèle *sectaire* et étroit, également accueillante pour toutes les convictions sincères.

On retrouvait cette même discrétion dans sa manière de comprendre la charité et de la faire. Dès son arrivée à l'Élysée, Mme Carnot sentit tout de suite que son rôle était de songer aux malheureux et de leur venir en aide. Elle ne voulut rien donner d'officiel et de bureaucratique à l'organisation de cette assistance aux pauvres. Elle s'appliqua, au contraire, en s'entourant des femmes du monde animées du même esprit qu'elle, à laisser à toutes ses œuvres un caractère intime, pour que l'aumône parût toujours accompagnée d'un sentiment de cœur et d'une pensée de sollicitude.

Après la souscription ouverte par les Dames françaises,

Mme Carnot, avec ce tact que laisse à l'âme l'absence de toute vanité mesquine, songea tout de suite aux veuves et aux orphelins dont elle avait appris à connaître le nombre et les misères ; elle eut l'idée que de tous les monuments, le plus beau, le plus digne des vertus républicaines de son mari, c'était un monument d'intelligente charité.

Bien avant la fondation consacrée à la mémoire de son mari, les mères de famille chargées d'enfants avaient appris dans tous les quartiers de Paris à bénir le nom de Mme Carnot.

Un nom ainsi gravé dans les cœurs vaut mieux qu'un nom gravé sur le marbre ou sur le bronze et ne sera pas moins durable. La reconnaissance de la Patrie ne séparera pas, dans son hommage ému, du nom de l'ancien président de la République, celui de la compagne dont le concours lui fut, durant sa vie, si fidèle, et qui sut, après la mort, donner à sa mémoire une si touchante consécration.

MONUMENT CARNOT

ÉLEVÉ A DIJON PAR SOUSCRIPTION NATIONAL

Inauguré le 21 mai 1899, par M. Loubet, président de la République.

(D'après un document communiqué par MM. Damidot frères, éditeurs à Dijon.

APPENDICE

LE PRÉNOM DE SADI

UN SONNET DE LAZARE CARNOT

Pourquoi ce prénom de Sadi qui a intrigué tant de gens ? Quelques-uns même pensaient que ce n'était pas un prénom, mais que ce nom de poète persan faisait corps avec le nom de famille.

Voici la vérité à cet égard :

Sadi Carnot avait eu un oncle qui, né pendant la période révolutionnaire et mort en 1832, avait reçu le prénom du poète des roses.

Pourquoi cet oncle s'appelait-il Sadi ?

Sadi, non persan qui signifie *sage* et que l'on écrit aussi Saadi, fut porté par un poète célèbre, Sadi, surnommé Maslih-Eddin, qui vivait au xiie siècle, mais dont les œuvres, publiées pour la première fois à Calcutta en 1791, parurent en France vers 1794.

Les poésies de Sadi, empreintes d'une philosophie morale pleine de douceur, d'enjouement et d'élévation, frappèrent probablement l'imagination de Lazare Carnot, qui, on le sait, rimait le madrigal à ses heures.

« Notre père, dit Hippolyte Carnot, avait une prédilection pour ce nom de Sadi, qui rappelait à son esprit des idées de sagesse et de poésie. » D'où ce prénom au parfum exotique donné à son fils par le Conventionnel dans un temps où les noms de baptême s'empruntaient à droite et à gauche, mais toujours hors du calendrier grégorien.

Ce prénom de Sadi fut donc bien, pour le fils aîné d'Hippolyte Carnot, un héritage de son oncle. Et c'est seulement en souvenir du cher mort que le nouveau-né fut ainsi nommé.

Voici un sonnet de Lazare Carnot, écrit à Magdebourg, le 28 novembre 1818 :

SONNET SUR LE BONHEUR

Bonheur ! ô toi pour qui tout se meut sur la terre.
Tes favoris sont-ils chez les grands ? aux hameaux ?
A Sparte ? à Sybaris ? au camp ? au sanctuaire ?
Préfères-tu les bois ? la garde des troupeaux ?

Es-tu la volupté ? la gloire ? une chimère ?
Le désir satisfait ou l'absence des maux ?
Es-tu dans l'amitié ? dans l'amour ? sous la haire ?
Dans la paix ? le savoir ? la vertu ? les tombeaux ?

Impatients mortels, il est dans l'espérance,
Il est dans notre cœur, couronne l'innocence,
Il résiste à nos vœux et vient inattendu.

Ce présent du Très-Haut, cette céleste flamme,
Ne peut se définir ; il est le pain de l'âme,
On n'en connaît le prix que quand on l'a perdu.

DÉLICATE ATTENTION

Par une délicate attention, qui lui fait le plus grand honneur, M. Schœndœrffer, ingénieur en chef de la Haute-Savoie, avait pris l'initiative d'ouvrir une souscription parmi ses collaborateurs de tout ordre et de tout grade, afin d'offrir à Mme Carnot un respectueux souvenir de l'ingénieur, qui, de 1864 à 1870, a laissé une trace si lumineuse de son passage dans le département. Tous ont voulu participer à cette souscription, depuis le chef de service jusqu'au cantonnier le plus humble.

A cet effet, M. Schœndœrffer avait fait graver, à Besançon, sur une plaque d'argent de huit dixième d'épaisseur et du format de 21 sur 31, la copie *in extenso* des premières notes signalétiques données, le 31 mai 1866, au jeune ingénieur Carnot par M. Brianchon, ingénieur en chef.

C'est entouré d'une délégation représentant le personnel des Ponts et Chaussées et du Service vicinal de la Haute-Savoie, que M. Schœndœrffer a fait la remise à Mme Carnot, le 25 juillet 1897, du pieux souvenir gravé à son intention.

M. l'ingénieur en chef s'est exprimé ainsi :

L'hommage public qui vient d'être rendu par la ville d'Annecy et le département de la Haute-Savoie à la mémoire de M. Carnot s'adressait surtout à l'ancien Président de la République. Nous avons songé à y joindre un hommage discret à la mémoire de l'ancien Ingénieur des Ponts et Chaussées et du Service vicinal.

Depuis le plus humble cantonnier jusqu'à l'ingénieur en chef, chacun s'est associé pour faire graver sur une plaque d'argent, textuellement et sans ornement, la première feuille signalétique de M. Carnot.

Permettez-moi, Madame, en mon nom et au nom de mes collaborateurs, de vous offrir ce modeste souvenir, qui constate les premiers services rendus par M. Carnot à son pays.

MINISTÈRE
DE
L'AGRICULTURE
DU
COMMERCE
ET DES
TRAVAUX PUBLICS

—

*Département
de la
Haute-Savoie.*

—

SERVICE
ordinaire et hydraulique de l'arrondissement d'Annecy.

M. CARNOT (Marie-François-Sadi), né à Limoges (Haute-Vienne), le 11 août 1837.

(*Grades et résidence*). Ingénieur ordinaire de 3e classe à Annecy.

Traitement de 2 500 francs imputé sur les fonds du Trésor.

ANNÉE 1866

—

PERSONNEL

—

*Notes
signalétiques.*

—

Services
étrangers, militaires
ou civils.

—

SERVICE DANS L'ADMINISTRATION
(Date de la nomination à chaque grade.)

—

Élève à l'École des ponts et chaussées.	Le 1er novembre 1860.
Secrétaire adjoint au Conseil général des ponts et chaussées.	Le 1er juin 1863.
Ingénieur ordinaire de 3e classe.	Le 20 octobre 1863.

Position de famille et de fortune (célibataire, veuf ou marié, date du mariage, nombre, sexe, âge et position des enfants.) — Marié le 2 juin 1863. 1 fille de 22 mois et 1 garçon de 10 mois. Fortune moyenne.

CONSTITUTION ET SANTÉ . . . . Bonnes.

INSTRUCTION.
- Littéraire et scientifique . . . . Bachelier ès lettres et ès sciences.
- Connaît-il des langues étrangères ? Sait l'allemand, lit l'anglais et l'italien.
- Technique et administrative. . . Très complète.

APTITUDE SPÉCIALE . . . . Aptitudes tout à fait générales.

ÉDUCATION . . . . Très bonne et très distinguée.

CARACTÈRE . . . . Bon, affable et d'une nature d'élite.

EXACTITUDE ET RÉGULARITÉ DANS LE SERVICE. (Se livre à des occupations étrangères ?) — Très louables.

ZÈLE ET ACTIVITÉ . . . . Très louables.

TENUE. . . . . Parfaite.

CONDUITE PRIVÉE . . . . Parfaite.

RAPPORTS. . . .
- Avec les supérieurs. . .
- Avec les subordonnés.
- Avec les autorités . . .
- Avec le public. . . . .

Très bons.

DÉTAIL SUCCINCT DES SERVICES PENDANT L'ANNÉE.
- 1° Service ordinaire des arrondissements d'Annecy et de Saint-Julien. Achèvement de la route départementale n° 12. Élargissement de la traverse de Seyssel, Pavoy, de Faverges. Études et rédaction de six projets de rectification ou de grosses réparations. Projets d'alignements de traverses.
- 2° Service hydraulique. Réparation des ports du lac d'Annecy. Construction du quai d'Annecy. Affaires d'usines. Dessèchements.
- 3° Contrôle du chemin de fer d'Aix à Annecy.

Au verso de ce document, on lit la note suivante :

M. Carnot est un ingénieur du plus haut mérite, qui a débuté d'une manière brillante dans sa carrière comme secrétaire adjoint au conseil général des ponts et chaussées; il tient parfaitement un arrondissement important contenant les divers services de construction de routes et d'entretien, de navigation et de chemin de fer.

Doué d'un esprit d'élite, d'un caractère bon et conciliant, il s'est parfaitement posé à Annecy, où il est entouré de l'estime et de la sympathie générales.

Nous désirons vivement que M. Carnot puisse être élevé prochainement à la 2ᵉ classe de son grade.

BRIANCHON.

Annecy, 31 mai 1866.

Tout le dossier, d'ailleurs, du jeune fonctionnaire est plein de notes élogieuses. Voici en quels termes, à la date du 11 juillet 1868, le préfet de la Haute-Savoie proposait au ministère de l'agriculture et des travaux publics l'avancement de l'ingénieur Carnot :

Quant à M. Carnot, je ne puis que renouveler le vœu qu'il soit élevé à la 2ᵉ classe. Cet ingénieur est particulièrement méritant ; il est un des fonctionnaires qui ont le mieux compris les exigences que l'on rencontre dans ce département au point de vue de l'assimilation. Par le soin et le tact qu'il apporte dans l'instruction des affaires, par son caractère doux et modeste, ses bonnes relations avec tous, il s'est rendu on ne peut plus digne de la marque d'encouragement sollicitée pour lui par M. Brianchon.

L'OPINION PUBLIQUE

SADI CARNOT MINISTRE (1880)

TÉLÉGRAMMES. — LETTRES

La nomination de Sadi Carnot comme ministre fut approuvée par la presse républicaine.

Le *Télégraphe*, qui reflétait l'opinion moyenne du parti républicain, s'exprimait en ces termes :

M. Sadi Carnot a cette fortune que sa nomination au ministère des travaux publics ne soulève ni protestations, ni récriminations. Aux amis comme aux ennemis du nouveau cabinet, il a paru naturel, légitime, que M. Sadi Carnot prît le poste successivement occupé par MM. de Freycinet et Varroy. Après l'avoir vu à l'œuvre pendant trois ans dans les fonctions de sous-secrétaire d'État, tout le monde a pensé que, ministre des travaux publics, il serait, comme disent les Anglais : *the right man in the right place.* Et tout le monde a eu raison.

Notons que ce résultat a été obtenu sans bruit, sans tapage, sans réclame d'aucun genre.

... Son nouveau succès, dans une carrière qui n'a jamais compté que des succès, s'explique en trois mots : M. Sadi Carnot est un caractère, une conscience, une volonté ; toutes ses facultés ont été constamment tendues vers une pensée unique : porter dignement le nom que son grand-père a illustré dans l'histoire...

... Il possède à un degré très rare les qualités de précision, de sûreté dans le travail, et, sous des formes très douces, l'énergie, qui font l'administrateur et l'homme d'action.....

... Moralement, M. Sadi Carnot est un homme de la plus haute valeur, poussant le sentiment du devoir, on pourrait dire jusqu'à l'excès, si l'excès était possible en pareille matière.

Dans sa rapide fortune politique il a conservé la même simplicité dans le ton, dans les manières, le même empressement à rendre service.

Droit au but par des moyens scrupuleusement et absolument honorables. Telle est sa devise...

Il en est de moins belles.

Ce qu'il y a de curieux et d'encourageant, c'est qu'elle lui ait aussi complètement et aussi rapidement réussi.

La *Petite République française* s'exprimait ainsi :

LE NOUVEAU MINISTRE

M. Sadi Carnot s'est fait suffisamment connaître comme sous-secrétaire d'État au ministère des travaux publics, dont il prend la direction. Petit-fils du Grand Carnot, fils du sénateur républicain, ingénieur distingué des ponts et chaussées, le député de la Côte-d'Or, qui n'a que quarante-trois ans, promet de faire un excellent ministre.....

SADI CARNOT, PRÉSIDENT DE LA RÉPUBLIQUE (1887)

L'élection de Sadi Carnot à la présidence de la République a été accueillie partout en France avec une réelle satisfaction.

La presse française tout entière fut unanime à saluer cette nomination.

Le *Temps* s'exprime ainsi :

La journée d'hier a donné les résultats que nous avions prévus : M. Sadi Carnot, dont la candidature n'était en quelque sorte pas posée, a réuni au premier tour la majorité et au second tour l'unanimité des suffrages républicains.

... Son nom a produit spontanément l'accord si désirable, parce que son triomphe n'était celui d'aucune fraction, nous dirions presque d'aucune faction de la gauche. Avec lui, on était certain qu'il n'y aurait ni vainqueurs ni vaincus, mais des républicains également heureux de s'unir autour de l'un des plus incontestables d'entre eux. La grandeur du nom qu'il porte, les services rendus à notre cause par son respectable père, qui assistait avec une modeste fierté à son succès, les souvenirs de travail et d'intégrité qu'il a laissés dans les ministères dont il a fait partie, la régularité et la correction d'une existence qui a commencé non sans un certain éclat dans les grandes écoles de l'État, pour se continuer avec dis-tinction dans l'administration et le gouvernement, enfin l'avantage d'être resté constamment fidèle aux opinions moyennes qui sont l'honneur de sa famille, tout cela le rendait éminemment propre à représenter la République française, au moment où elle va célébrer le centenaire de la Révolution de 89. On ne l'a évidemment pas choisi à cause de son nom, mais on doit se féliciter de la coïncidence, d'autant plus que les idées dont il n'a cessé d'être le serviteur s'accordent merveilleusement avec les sentiments qui doivent nous animer, quand nous évoquons la grande ombre de l'organisateur de la victoire.

. . . .

L'honorable M. Sadi Carnot a été nommé par le suffrage universel, dans toute la force du mot, de ses coreligionnaires politiques. Nous ne savons pas s'il y a des exemples de cette unanimité, mais il nous semble qu'elle donne à l'homme qui en a bénéficié une autorité décisive, quand il jugera nécessaire ou utile de parler aux Chambres ou au pays. Ainsi obtenue et soutenue, ainsi comprise et exercée, la haute magistrature dont nous célébrons le quatrième titulaire pourrait être vraiment la clef de voûte de notre édifice républicain.

Les paroles qu'à prononcées le nouveau président de la République, en recevant M. Le Royer et les membres du Gouvernement, témoignent qu'il se rend un compte exact de la situation parlementaire, et présagent de sa part des résolutions en harmonie avec les courants d'idées qui circulaient hier à Versailles. Sa candidature a préparé l'entente des républicains; son élection l'a consacrée. Il est de l'intérêt de tous que cette entente subsiste, que le jour qui l'a vue renaître ait un long lendemain. M. Carnot a tenu à signifier, dès le premier moment, qu'il travaillerait à cette œuvre; il nous paraît être entré ainsi très heureusement dans le rôle d'arbitre impartial, mais non pas indifférent, qui est le sien désormais, au poste de confiance et d'honneur où la représentation nationale vient de l'appeler.

M. Carnot ne s'est pas borné à affirmer, d'une façon générale, la nécessité de l'union; il a encore indiqué, avec la réserve nécessaire, mais avec une précision suffisante, le terrain sur lequel l'union pouvait se nouer. En conviant le Parlement à assurer, dans les limites de la Constitution, « la marche régulière d'un gouvernement stable, actif et capable de donner à la nation, avec la liberté au dedans et la dignité au dehors, tous les bienfaits que notre pays attend de la République », il a tracé un véritable programme que tous les esprits impartiaux, tous les bons citoyens, sans distinction d'opinions politiques, peuvent s'approprier. Le vœu de la France est bien celui-là.

Paris, dans un article signé de M. Charles Laurent :

L'honnête homme qui vient d'être élu président de la République avait été recommandé par le *Paris* au choix des membres du Congrès.

Il nous semblait que son élection devait être le couronnement nécessaire de cette longue campagne de deux mois, durant laquelle l'opinion publique, enfin éclairée par la presse, s'infiltrait peu à peu dans le Parlement et démontrait aux représentants du pays la nécessité impérieuse de rompre à la fois avec la politique de corruption et avec la politique de division.

Le président Carnot prend le pouvoir, libre d'attache, libre d'engagements, soutenu par l'estime universelle, et sa droiture intelligente, tant de fois affirmée dans des postes divers, nous garantit qu'il saura comprendre ce que la France attend de lui.....

Ce qu'il fallait à la présidence, c'était un homme juste et probe : on l'a.

Le reste, c'est l'affaire des ministres que, dans sa probité comme dans sa justice, il choisira sur les bancs des deux Chambres.

Cette sérénité de conscience que possède le président Carnot va tout de suite avoir à se montrer ; cette rectitude de jugement qui le distingue, il va pouvoir la prouver sans retard. Le choix des hommes qu'il chargera de gouverner et de porter devant les Chambres ses premières paroles indiquera nettement qu'il entend être un président de réconciliation.

La journée d'hier aura été bonne pour la République et par conséquent pour la France.

La Paix :

On trouvera rarement dans l'histoire un plus grand exemple d'abnégation personnelle, de désintéressement que celui qu'ont donné, hier, les hommes politiques dont la candidature à la présidence avait été mise en avant. Tous, sans exception, se sont effacés devant M. Sadi Carnot à la suite du premier tour de scrutin et ont, par cet effacement si louable, créé l'union des républicains.

Le Rappel :

L'élection de Sadi Carnot signifie honnêteté, probité, incorruptibilité.

Elle signifie encore pacification. Dès que l'élection a été connue, Paris s'est calmé. L'agitation produite la veille par l'incroyable plaisanterie que le prédécesseur de M. Carnot avait faite au Parlement et au pays en leur donnant rendez-vous pour leur dire qu'il n'avait rien à leur dire, a cessé subitement, et tout s'est remis à respirer.

Le résultat du scrutin définitif a été salué d'un immense cri de : Vive la République ! Cette élection faite par tous les républicains et par les républicains seuls ne sera pas seulement la République vivante, elle sera la République rajeunie, assainie et fortifiée.

L'Écho de Paris, sous la signature de M. Abel Peyrouton :

M. Sadi Carnot était le candidat de la probité nationale. Il a été élu. C'est le très grand honneur de la France et du Parlement. L'histoire de l'élection est simple. On cherchait l'honnête homme dont la haute vertu et le caractère s'élevassent au-dessus de toutes les passions. Le Congrès est allé prendre cet homme modeste, que son mérite désignait à tous, mais que son intégrité éloignait de toutes les brigues. Le congrès républicain fait, aussi, l'ordre moral, aux applaudissements de la France et de l'Europe.....

M. Carnot porte un nom superbe, doublement sacré par la victoire et par la Révolution. Je sais que, fidèle aux sentiments de son foyer, M. le président de la République sera sans hésitation, en toutes les occurrences, pour la vaillance et pour l'honneur...

Le Petit Parisien :

Nous saluons dans M. Sadi Carnot l'ordre, la paix publique et la liberté.

Il porte un nom cher aux républicains. Puisse-t-il être digne du Conventionnel illustre qui fut son aïeul et que l'histoire a appelé « *l'organisateur de la victoire* ».

Le Petit Journal :

... L'union complète des républicains était le meilleur moyen de rassurer l'opinion ; on a préféré écarter des personnalités marquantes et adopter un drapeau incapable de soulever les protestations, de réveiller les haines, d'envenimer les rancunes.

M. Sadi Carnot bénéficie de cet élan vers l'entente et la conciliation, il est l'élu d'une situation qu'il n'a pas créée, mais que son élévation caractérise admirablement.

La force de la vérité est si grande que l'entraînement a dépassé les frontières du parti républicain et gagné quelques voix conservatrices au nouveau président.

Il recueille plus de suffrages que M. Grévy lui-même à sa première élection, pourtant si peu discutée.

C'est un résultat dont le pays se félicitera ; il verra moins encore la personne que le courant de sympathie et de concorde qui l'a portée au pouvoir...

Le *Petit National* (M. Ranc) s'exprime ainsi :

Quelques jours avant le Congrès, j'ai eu la bonne fortune de rencontrer dans le salon de la Paix au Palais-Bourbon, M. Sadi Carnot.

J'étais avec mon ami Gaston Thomson. M. Carnot passait vivement, comme un homme qui craint d'être interrogé, ne voulant pas et ne pouvant pas répondre. Ça ne m'empêcha pas de l'arrêter et de lui dire à brûle-pourpoint : « Monsieur Carnot, êtes-vous ou n'êtes-vous pas candidat ? » En ce temps déjà lointain, on pouvait encore parler familièrement au futur président de la République. J'ajoutai : « Je vous pose la double question pour vous donner pleine liberté de ne pas répondre. »

M. Sadi Carnot me regarda une demi-seconde, puis en souriant il prononça ces paroles textuelles : « On ne sait jamais si on est candidat ; tout ce que je puis vous dire, c'est que mon candidat sera celui qui réunira sur son nom cinq cents voix républicaines. »

Je trouvai que c'était bien parlé et surtout bien pensé. C'est parce que M. Carnot pensait et parlait ainsi que je suis fort heureux, quoique mon candidat à moi ait piqué une tête [1], que les cinq cents voix républicaines demandées se soient portées sur lui, que dis-je cinq cents ? Il en a eu plus de six cents ! On lui a fait bonne mesure.

L'*Intransigeant* termine ainsi les quelques notes biographiques du nouveau président :

Telle est la vie politique de ce républicain, modéré sans doute, mais convaincu et sincère, que le Congrès a choisi pour premier magistrat de la République.

Le *Gil Blas* conclut en ces termes :

Il n'est l'homme d'aucun parti. Il n'est compromis avec aucun. Il n'est suspect d'aucune violence ni d'aucune faiblesse. S'il a à se faire des amis, il n'a pas d'adversaires à combattre et à désarmer. A l'effacement de sa personne correspond, pour en corriger les inconvénients, une modération heureuse dans les idées. En prenant la peine de remonter dans son passé politique, on le trouve fait de fermeté et de sagesse. Il n'aura qu'à donner pour programme à sa présidence ce qu'il disait, il y a quelques années, dans son programme électoral : « La République seule peut apaiser nos anciennes dissidences ; seule elle n'est pas un gouvernement de parti. Ouverte à tous, acceptant toute adhésion sincère, elle groupera toutes les bonnes volontés, et une ère de calme, d'ordre et de liberté rendra à la France la place qui lui revient dans le monde. » Ce sont là de bonnes paroles et nous devons en accepter l'augure...

[1] Son candidat était M. de Freycinet.

Terminons par ce patriotique sonnet de Henri Second et publié dans *la France* :

CARNOT

Carnot, ce nom promet, et bonne est la journée ;
La République sauve, et tout danger cessant,
Paris, qui s'attendait à veiller dans le sang,
Peut s'endormir en paix : la chose est terminée.

Terminée, au dedans. Au dehors, acharnée,
La lutte va reprendre, et nos chances croissant,
Grâce à notre union dans la tâche obstinée,
Nous pourrons faire face au danger menaçant.

A l'œuvre maintenant ! Que la minute sonne,
Nous ne provoquons pas, mais ne craignons personne.
Tant pis pour qui nous traite avec des airs moqueurs !

Nous avons le courage et l'espoir plein nos cœurs :
Il semble que l'on va recommencer l'histoire
Avec ce nom qui sent la poudre et la victoire !

L'élection de Sadi Carnot, avons-nous dit, a été accueillie partout en France avec une réelle satisfaction.

D'un grand nombre de villes françaises arrivèrent, aussitôt le résultat connu, des adresses de félicitations signées par les conseillers municipaux.

Mais, fait non moins important, toute la presse étrangère félicita également la France et son Parlement de l'élection présidentielle.

Nous enregistrons les principaux de ces témoignages.

En Allemagne, le *Tageblatt*, de Berlin, publia les réflexions suivantes :

Le sort en est jeté ; M. Sadi Carnot, élu par une majorité exclusivement républicaine, fait son entrée à l'Élysée comme président de la République. M. Sadi Carnot est une personnalité peu connue : mais son républicanisme est si indubitable que l'on peut compter qu'il protégera, en cas de besoin, la République par tous les moyens dont il dispose, qu'il la défendra de toutes ses forces et repoussera avec énergie toute tentative faite pour l'engager à jouer le rôle de Munck et à favoriser la restauration de la dynastie d'Orléans. C'est là ce qui prédestinait avant tout M. Sadi Carnot à être le candidat de conciliation des républicains.

En Autriche, les journaux furent unanimes à louer l'union, la sagesse et le patriotisme dont les membres du Congrès ont fait preuve dans l'élection présidentielle.

La *Nouvelle Presse libre*, après avoir rappelé les services rendus par les membres de la famille Carnot, dit que le nouveau président apporte, indépendamment d'un nom célèbre, une carrière républicaine irréprochable : ce journal conclut en déclarant que la confiance dans la durée de la République doit exister dans les esprits et enlever à ses adversaires tout espoir de la renverser.

Le *Fremdenblatt* déclara que la décision du Congrès est heureuse sous beaucoup de rapports.

La famille Sadi Carnot, ajouta ce journal, appartient, pour ainsi dire, à la noblesse républicaine de la France.

La *Gazette allemande* s'exprima comme suit :

Il faut considérer comme une circonstance très favorable que l'élection n'est pas due à un compromis entre républicains et monarchistes, mais qu'elle provient uniquement d'une entente entre tous les républicains. La nomination de M. Sadi Carnot à la présidence ne fait prévoir aucun changement ni dans la politique intérieure ni dans la politique extérieure. Cette élection signifie le maintien de la paix à l'extérieur et la continuation des relations pacifiques avec l'Allemagne.

En Russie, la pressse accueillit avec une grande sympathie l'élection de M. Carnot.

Le *Nouveau Temps* :

... M. Carnot est respecté de tous les partis. Il jouit d'une réputation irréprochable. S'il n'a pas tous les talents politiques, il est bon de remarquer que ces talents ne sont pas nécessaires pour remplir le poste auquel il a été appelé.

Le *Novosti* déclara que le nouveau président est un champion de l'ordre énergique et honnête et qu'il ne manquera pas d'inspirer confiance aux gouvernements étrangers.

En Italie, mêmes appréciations favorables :

La *Capitale* dit :

La grande majorité du parti républicain a reporté ses suffrages sur le nom de M. Sadi Carnot parce qu'il était le seul ministre qui eût osé résister à la pression de M. Wilson dans l'affaire Dreyfus. Son élection est un gage de tranquillité pour la France et de paix pour l'Europe. Elle signifie que la France désire la paix, mais qu'elle entend aussi conserver la forme de gouvernement qu'elle s'est donnée depuis dix-sept ans.

La *Riforma* se réjouit aussi de l'élection de M. Sadi Carnot, car c'est un homme capable d'apprécier justement les questions internationales et qui sait apporter dans leur discussion un sincère esprit de conciliation.

Dans notre désir de maintenir avec la France les meilleurs rapports, nous sommes sûrs, conclut la *Riforma*, que de l'Élysée viendront maintenant des dispositions non moins amicales qui inspireront la politique française en notre faveur.

En Espagne, *El Globo*, de Madrid, dit que M. Carnot a, sur tous les autres hommes politiques qui aspiraient à la présidence de la République, l'incontestable avantage de n'avoir jamais été ni discuté, ni calomnié. Et il ajoute :

Un autre président de la République aurait eu ses passions, ses partisans et ses ennemis.

Le danger pour l'avenir des institutions républicaines était évident. Si on avait placé à la tête du pays un homme compromis dans les luttes politiques, on aurait accumulé des haines sans fin.

Personne ne discute la réputation de probité et de droiture de M. Carnot.

El Globo termine ainsi :

Les passions paraissaient déchaînées, et voilà la situation transformée radicalement. Les hommes seuls n'ont pas fait ce miracle, mais les institutions républicaines, qui ont la vertu et le pouvoir suffisants pour rappeler à la raison les égarés et allumer dans les cœurs le feu du patriotisme.

Le journal de M. Ruiz Zorilla publia un long article sur le résultat de la crise en France :

Les républicains viennent de donner, dit-il, une preuve éclatante de leur patriotisme. Ils se sont unis pour sauver la République des dangers qu'elle a courus ces jours derniers.

Prenons exemple sur ces démocrates français qui, pour sauver la liberté, ont réuni leurs suffrages sur la tête d'un seul homme.

L'Europe tout entière suivait avec intérêt les différentes phases de la crise française. Les nuages qui s'amoncelaient à l'horizon ont disparu subitement.

Le gouvernement de la République apparaît plus puissant, plus grand, plus invincible que jamais.

La presse anglaise montra un égal empressement à féliciter notre pays d'être sorti si vite et si aisément d'une crise qui n'était point sans inspirer de graves inquiétudes, et la presse américaine nous envoya ses compliments les plus chaleureux et les plus sincères.

Il en fut de même en Belgique.

LA MORT DE CARNOT (1894)

En apprenant la mort du président de la République française, d'un bout à l'autre de l'Europe, un cri d'indignation retentit.

Il n'est pas un Français, pas un patriote, à quelque opinion politique qu'il appartienne, qui n'ait ressenti la plus profonde tristesse à la nouvelle de cette mort. Les nations étrangères prodiguèrent à la France, en ce triste moment, de retentissantes et touchantes marques de sympathie. La douleur a été unanime et je ne sais si jamais malheur public ou privé provoqua de telles manifestations.

Voici quelques extraits des journaux étrangers et les télégrammes des souverains.

Les journaux anglais :

Du *Daily Telegraph* :

Un crime sans pareil dans son atrocité sauvage vient de jeter le deuil sur une page de l'histoire de France. Bien qu'on ne sache encore si le crime est l'acte d'un anarchiste ou l'acte de vengeance d'un fanatique, il est satisfaisant d'apprendre que l'assassin a été arrêté.

Le *Daily Telegraph* se perd en conjectures sur les causes qui ont pu armer le bras du misérable.

M. Carnot a accompli sa mission, au milieu de circonstances difficiles, d'une manière qui fait l'admiration de l'Angleterre.

Il était l'emblème et l'incarnation de l'idée républicaine.

Du *Daily News :*

La terrible nouvelle de l'assassinat de M. Carnot, président de la République française, sera reçue avec un sentiment d'horreur par tout le monde civilisé.

Aucun coup semblable n'a été frappé par la vengeance politique ou le fanatisme depuis que la balle de Guitteau blessa mortellement le président Garfield et que le pistolet de Booth tua le président Lincoln.

M. Carnot a mérité le respect et la confiance non seulement de ses concitoyens, mais aussi des autres nations.

Du *Times :*

Il n'est pas possible de douter que M. Carnot a été frappé à mort parce qu'il a exercé ses pouvoirs de chef d'État en honnête homme.

On ne pouvait le considérer en aucune façon comme un cruel tyran ou comme un ennemi du peuple. De naissance et par tradition il était fils de la Révolution.

Pendant son septennat il a augmenté graduellement sa réputation.

On considérait comme tout à fait probable que M. Carnot serait réélu à l'expiration de ses sept années de présidence.

Le *Daily Chronicle* paraît encadré de noir.

Le monde civilisé sera, dit-il, saisi d'horreur par la nouvelle de la mort tragique de M. Carnot. Aucun homme n'a jamais été moins susceptible d'exciter une vengeance personnelle.

A moins qu'il n'ait été victime d'un fou, il faut supposer qu'il a été frappé pour avoir refusé de gracier les anarchistes condamnés à mort.

M. Carnot a été quelque chose de plus qu'un chef d'État : il n'avait à cœur que le bien-être de son pays, et si tous ses efforts n'ont pas abouti, tout le monde sait que la faute n'en est pas à lui.

Le monde entier, et l'Angleterre plus qu'aucune autre nation, s'associera au deuil de la France.

Du *Morning Post :*

Nulle part, la France ne trouvera en ce jour plus de sympathie qu'en Angleterre.

L'Angleterre désire voir en France un gouvernement stable, basé sur l'appui du peuple ; et c'est ce que M. Carnot a donné à la France depuis son élection.

Du *Standard :*

Si la sympathie du monde entier pouvait consoler le peuple français, il serait à cette heure vraiment consolé.

On n'a pas vu, depuis un siècle, pareille et aussi universelle expression de sympathie.

Tout le monde reconnaît la dette que doit la race humaine au génie, à l'intelligence et au courage des Français.

M. Carnot a été un martyr de son devoir.

LES JOURNAUX ITALIENS :

La *Riforma* dit que les assassinats politiques, qu'on pouvait comprendre au temps de la tyrannie, sont un indice épouvantable d'abrutissement aujourd'hui que le soleil de la liberté illumine les peuples et que les chefs d'État sont presque partout les représentants de la volonté populaire. L'attentat est d'autant moins compréhensible dans un pays dont la richesse publique est florissante et contre un homme qui est un exemple vivant de correction constitutionnelle et de douceur d'esprit.

Ce n'est donc pas la misère qui a armé l'assassin, mais la propagande infâme faite par de vils personnages qui savent bien qu'ils n'ont rien à risquer. Il est temps que les gouvernements y mettent ordre.

Le *Popolo romano* présage qu'une seule voix s'élèvera des cœurs italiens pour déplorer qu'un assassin ait brisé la vie du chef d'un État voisin et ami.

Il ajoute : « Nous participons du fond du cœur au deuil de la nation sœur. »

Le *Messagero* s'associe sans réserve au deuil de la France, à la suite de ce coup frappant son premier magistrat dont personne ne pouvait nier les qualités, l'intégrité suprême, le respect scrupuleux de ses devoirs constitutionnels.

Le *Don Chisciotte* dit que la nouvelle de l'assassinat est d'autant plus triste pour les cœurs italiens qu'elle arrive au jour anniversaire d'une victoire des soldats français pour la liberté de l'Italie.

L'*Italie* dit : « Ce crime horrible, venant malheureusement après d'autres crimes semblables, est une honte pour la civilisation, une menace pour le progrès. »

Le *Folchetto* compare l'horreur de l'assassinat de M. Carnot à celui d'Abraham Lincoln. Il dit que les Français peuvent voir que l'indignation et la douleur sont grandes ici, comme chez eux.

La *Fanfulla* appelle la mort violente de M. Carnot un deuil de l'humanité, l'épisode le plus douloureux de la lutte contre la monstrueuse phalange des homicides.

L'*Opinione* dit que l'assassin ne pourrait pas, sans violer les préceptes de la secte scélérate à laquelle il est affilié, reconnaître l'Italie pour sa patrie.

L'*Esercito italiano* constate que M. Carnot fut victime d'un infâme complot de la part de la secte néfaste qui en Italie aussi a semé des bombes meurtrières, qui attenta récemment à la vie de M. Crispi.

LES JOURNAUX ALLEMANDS :

La Gazette de l'Allemagne du Nord dit que l'indignation, la douleur et les sentiments d'horreur dont se sentent pénétrés aujourd'hui tous les Français sont des impressions qui seront partagées d'une façon aussi vive, partout où l'on a le sentiment exact et la saine appréciation des hautes tâches qui incombent aujourd'hui plus que jamais aux gouvernements dans l'intérêt de la civilisation et de l'humanité.

La *National Zeitung* s'exprime ainsi :

« Tous les peuples civilisés ne peuvent que s'associer au deuil de la France et prendre part aux sentiments d'indignation dont elle est aujourd'hui remplie. Ce deuil et cette indignation seront partout partagés en Allemagne en dépit de tout ce qui sépare les deux nations. »

LES JOURNAUX BELGES :

L'*Indépendance belge* s'exprime ainsi :

L'épouvantable attentat qui vient d'enlever à la troisième République française son quatrième président a littéralement consterné Bruxelles et la Belgique entière.

On peut dire sans exagération que la stupeur et l'indignation de notre peuple égalent presque l'impression d'horreur tragique et de révolte navrée du patriotisme français.

On s'abordait ce matin comme sous le coup d'un deuil public, voire d'un deuil privé.

Ce n'est pas seulement à raison de ses relations de voisinage et d'amitié avec la France que la nation belge s'associe avec cette spontanéité aux sentiments de profonde douleur qui oppriment tous les cœurs français.

C'est aussi parce que chez nous, comme dans toute l'Europe et dans le monde entier, le président Sadi Carnot s'était fait une popularité personnelle qui est rarement l'apanage des souverains ou chefs d'État étrangers.

On l'estimait pour ses qualités d'homme public et ses vertus d'homme privé.

LES JOURNAUX AMÉRICAINS :

Le *New-York World* dit qu'il est difficile de concevoir un crime plus infâme et plus stupidement lâche, car M. Carnot, de tous les chefs d'État européens, devait être le dernier à tomber sous l'arme d'un assassin.

Le crime est infâme ; il a répandu la douleur au plus profond des cœurs français.

L'édition spéciale du *New-York Hérald* dit que le peuple des États-Unis s'associe aujourd'hui à la France dans son deuil profond en présence d'un attentat soudain qui frappe la tête de la République sœur. Ce lâche assassinat rappelle aux Américains le meurtre de Lincoln ; l'indignation que la nouvelle a provoquée à Washington exprime certainement le sentiment de tout le pays.

LES JOURNAUX RUSSES :

Le *Messager du gouvernement*, parlant de la mort de M. Carnot, s'exprime de la manière suivante :

« La France a perdu dans la personne de M. Carnot un citoyen d'une honorabilité sans tache et d'un caractère loyal et noble, un grand patriote, un excellent père de famille et un chef d'État exemplaire, qui était étranger à tous les intérêts de parti et mettait le bien-être de la France au-dessus de tout. »

Le journal officiel termine en faisant remarquer que le tsar a rendu hommage aux mérites de M. Carnot en lui conférant les insignes de l'ordre de Saint-André.

Le *Nouveau Temps* déclare que le poignard assassin a blessé profondément aussi les cœurs russes pour lesquels le nom de Carnot était synonyme de « chevalier sans peur et sans reproche ».

« Populaire même dans les basses classes de la nation, son nom est intimement lié aux événements de Cronstadt-Toulon qui consacrèrent la fraternelle union de la Russie et de la France, si féconde pour les deux pays, si bienfaisante pour la paix européenne. »

Constatant que M. Carnot sut inspirer à la Russie une profonde confiance et aux adversaires de la France des craintes salutaires, le *Nouveau Temps* estime qu'il suffira que son successeur suive la

même voie pour maintenir le prestige politique de la France si soli-
dement établi.

Il ajoute :

« Une nation possédant de pareils patriotes peut sans crainte envi-
sager l'avenir. »

Les *Novosti* augurent que le successeur de M. Carnot saura maintenir les nobles traditions léguées par lui; ils observent que la
France doit trouver une consolation dans l'expression des sympathies de tous les pays et de tous les peuples et, avant tout, de la Russie et du peuple russe.

Le *Grajdanine* flétrit l'horrible crime qui a frappé l'homme si
complètement honnête, inoffensif, crime qui ne pourra même pas
profiter à ses auteurs, car il devra naturellement provoquer une
réaction et accentuer les mesures contre les anarchistes.

Il espère que les intrigues politiques n'auront point le temps de
se manifester, vu la rapidité de l'élection du nouveau président, que
le *Grajdanine* souhaite être un homme digne, intelligent, énergique
surtout et ennemi de l'anarchisme.

Le *Peterbourgsky Vedomosti* déclare que le petit-fils de l'organisateur de la victoire fut l'organisateur de la régénération de la
France.

Le *Peterbourgsky Listok* dit que l'élection du nouveau président,
quelle qu'elle soit, ne modifiera nullement les rapports entre la
France et la Russie, ni ne diminuera le prestige de la France en
Europe.

La *Peterbourgskaïa Gazetta* proclame que l'assassinat de M. Carnot déshonore la fin du siècle, augmente l'horreur publique pour le
criminel et l'absurde anarchisme; elle ajoute que toute la Russie
s'associe au deuil occasionné à la France par la mort du loyal
citoyen, du grand patriote, de l'irréprochable père de famille, de
l'exemplaire chef d'État qui contribua puissamment au progrès national.

Les télégrammes ou lettres qui suivent ont été reçus par
Mme Carnot :

Kiel, 25 juin 1894.

Madame Carnot, Paris.

L'impératrice et moi sommes profondément frappés de l'horrible
nouvelle qui nous arrive de Lyon. Soyez persuadée, madame, que

toute notre sympathie et tous nos sentiments sont en ce moment avec vous et votre famille.

Que Dieu vous donne forces pour supporter ce coup terrible!

Digne de son grand nom, M. Carnot est mort comme un soldat, sur le champ de bataille.

GUILLAUME I. R.

Paris, 26 juin 1894.

Madame.

S. M. l'impératrice Frédéric, émue du grand malheur qui vous a si cruellement frappée, m'a chargé de vous exprimer ses plus sincères condoléances.

Je forme des vœux, madame, pour que tous les témoignages de haute estime et de regrets puissent vous offrir quelques consolations dans votre grande douleur.

Je vous prie, madame, de recevoir l'expression de mes sentiments les plus respectueux.

MUNSTER.

Paris, le 25 juin 1894.

Madame,

Vivement affecté par l'immense malheur qui vient de frapper, dans des circonstances aussi cruelles, vous et les vôtres, mon auguste souverain m'a chargé d'être auprès de vous, madame, l'interprète de sa plus sincère condoléance.

En s'associant à la douloureuse et poignante émotion dans laquelle se trouve plongée la nation française tout entière, Sa Majesté voue de profonds regrets à la grande figure qui a présidé aux destinées de la France en même temps qu'à l'époux et au père modèle qui a été si subitement arraché à l'affection de sa famille.

Veuillez agréer, madame, l'hommage de mon respectueux dévouement.

HOYOS.

Ostende, le 25 juin 1894.

Madame Carnot, à Lyon.

Profondément émus et indignés du crime horrible qui plonge la France dans le deuil, nous avons à cœur de vous exprimer combien est vive et sincère notre sympathie et la grande part que nous prenons à l'immense malheur qui vous frappe.

LE ROI ET LA REINE DES BELGES.

Londres, le 25 juin 1894.

Madame Carnot, Lyon.

Le prince et la princesse de Galles expriment leurs vive douleur et sympathie à l'occasion de la terrible perte que Mme Carnot vient de faire.

Athènes, le 26 juin 1894.

Madame Carnot, Paris.

Veuillez, madame, croire à ma profonde douleur. Que Dieu vous soutienne et vous donne le courage de supporter cette terrible épreuve.

La reine se joint à moi pour vous exprimer, ainsi qu'à vos fils, la part sincère que nous prenons dans votre irréparable malheur et si douloureuse perte.

GEORGE.

Athènes, 25 juin 1894.

Madame Carnot, Paris.

Je viens, au nom du gouvernement hellénique, vous offrir l'hommage de nos condoléances, pour le coup qui vous a frappée. La Grèce entière, madame, s'associe à votre deuil, à celui de la France et de tous les peuples amis de la France. Nous nous faisons auprès de vous les interprètes des sentiments inspirés à tout Hellène par la perte de l'homme qui a su jeter un nouveau lustre sur le nom glorieux qu'il portait et par l'horreur du crime qui a privé la France de son président, dont la vie a été l'honneur de son pays.

TRICOUPIS.

Berne, 25 juin 1894.

Madame Carnot, préfecture Lyon.

L'odieux attentat dont votre époux, le Président aimé et respecté de la République française, a été la victime a profondément ému le Conseil fédéral, ainsi que le peuple suisse. En leur nom et dans ce jour de deuil pour vous, pour vos enfants et pour la République, je viens respectueusement présenter nos vives et douloureuses sympathies à l'épouse, à la mère, à la citoyenne.

Au nom du Conseil fédéral suisse :

Le président de la confédération,

FREY.

Madame Carnot, Paris.

Rome, 25 juin 1894.

Le coup qui a frappé votre époux a frappé en même temps mon cœur et le cœur de la reine d'une profonde douleur. L'Italie, blessée non moins que la France par un tel crime, s'associe tout entière à votre deuil. Jamais comme aujourd'hui je n'ai été aussi sûr d'interpréter ses véritables sentiments.

HUMBERT.

Madame Sadi Carnot, Paris.

Rome, 25 juin 1894.

L'exécrable attentat qui prive la France de son illustre chef et vous, madame, d'un époux affectionné, soulève en toute l'Italie un sentiment d'horreur et de profonde indignation.

La Chambre des députés italienne vous prie de vouloir agréer le témoignage sincère de sa vive douleur et ses condoléances respectueuses. Elle prend part au deuil de votre famille, au deuil du peuple français comme à un deuil national, et s'associe à ses vœux pour que Dieu vous donne la force de supporter un malheur qui nous unit dans une douleur commune.

Le président de la Chambre des députés d'Italie.

G. BIANCHERI.

Madame Carnot, Paris,

Rome, 25 juin 1894.

La nouvelle du méfait exécrable qui a frappé d'un seul coup la France et votre cœur m'a profondément ému. Tout le monde admirait les hautes vertus humaines et civiques du citoyen illustre qui vient de disparaître, victime du crime le plus horrible, et je pleure en lui un ami de la paix et de l'Italie, un homme dont j'avais eu le bonheur d'apprécier l'âme d'élite. Il n'existe point pour vous, madame, de consolation ; toutefois sachez que le cœur de tous les Italiens est avec vous dans ce moment terrible.

CRISPI.

Walferdange (Luxembourg), le 25 juin 1894.

A Madame Carnot, palais de l'Élysée, Paris.

La grande-duchesse et moi, profondément affligés par le malheur qui vous frappe, nous vous prions, madame, de recevoir l'expression de la part sincère et bien vive que nous y prenons.

ADOLPHE.

Gibraltar, 25 juin 1894.

Madame Carnot, Paris.

C'est avec une profonde indignation et une sympathie attristée que je vous exprime mes sentiments de condoléance.

PRINCE DE MONACO.

Cettinge, le 25 juin 1894.

Madame Carnot, Paris.

C'est avec une profonde émotion que la princesse et moi vous exprimons, madame, la douloureuse impression ressentie à la nouvelle du fatal événement qui vous frappe si cruellement.

Veuillez croire, madame, à la part très sincère que nous prenons à votre deuil et au deuil de la France.

PRINCE DE MONTÉNÉGRO.

Vulpera, le 25 juin 1894.

Madame Carnot, Paris.

J'apprends à ce moment la cruelle perte que vous venez de subir. Je tiens à vous assurer de toute la part que je prends au terrible malheur qui vous frappe et vous offre mes sincères condoléances.

EMMA.

Lisbonne, le 25 juin 1894.

Madame Carnot, Lyon. — France.

Je vous prie, madame, d'accepter mes plus vives et sincères condoléances pour l'affreux malheur qui vient de vous frapper si cruellement.

ROI DE PORTUGAL.

Lisbonne, le 25 juin 1894.

Madame Carnot, à Paris.

Vivement affligée de l'affreux malheur qui vient de vous frapper, je vous prie d'agréer mes condoléances et de croire à la grande part que je prends à votre douleur et à celle de vos enfants, d'autant plus qu'ayant connu M. Carnot personnellement, je le regrette doublement, ayant pu apprécier ses grandes qualités. Priant Dieu de vous soutenir dans cette cruelle épreuve, croyez à ma sincère sympathie.

MARIA PIA.

Castel-Pelesh, 25 juin 1894.

Madame Carnot, Paris.

C'est avec une profonde émotion que j'ai reçu la nouvelle de l'acte criminel qui a mis fin aux précieux jours du Président de la République, votre bien-aimé époux.

Je vous prie, madame, de recevoir l'expression de la vive et sincère part que je prends à l'immense malheur qui vous a frappée et qui vient d'enlever à la France son chef d'État.

Que Dieu vous soutienne dans ces moments de cruelle épreuve et vous donne la force de supporter avec résignation votre grande douleur.

CHARLES.

Pouyry, le 25 juin 1894.

Madame Carnot, Paris.

Profondément émus par la nouvelle de l'odieux attentat dont le Président de la République vient d'être victime, l'impératrice et moi vous exprimons nos regrets les plus profonds et vous assurons de toute notre sympathie ainsi que de la vive part que nous prenons au malheur qui vous frappe et met en deuil toute la France.

ALEXANDRE.

Sofiero, 25 juin 1894.

Madame Carnot, Paris.

Profondément émue et saisie d'horreur, je vous exprime toute ma sympathie et mon espoir que la vie du Président puisse encore être sauvée.

REINE DE SUÈDE ET NORVÈGE.

Zanzibar, 26 juin 1894.

Madame Carnot, Paris.

En présence malheur qui vous frappe, vous adresse témoignage de mes sincères compliments de condoléance.

SEYYID ALI BEN SAÏD.

Paris, le 30 juin.

Madame,

S. M. le roi de Saxe a pris la part la plus vive à votre douleur et m'a chargé de vous exprimer ses plus sincères condoléances. Je me fais le fidèle interprète des sentiments d'indignation et de sympathie de Sa Majesté, et je vous prie, madame, de recevoir l'expression de mes sentiments les plus respectueux.

MUNSTER.

Bruxelles, le 26 juin.

Madame Carnot, palais de l'Élysée, Paris.

Ayant eu l'honneur de connaître personnellement M. Carnot, je me permets de venir vous exprimer toute l'horreur que j'ai ressentie de l'épouvantable forfait de Lyon, et de vous assurer, madame, de la part bien sincère que je prends à votre douleur.

Comte DE FLANDRE.

LÉGATION DES ÉTATS-UNIS DU BRÉSIL

Paris, le 30 juin.

Madame,

Le Sénat de l'État de Bahia, un des foyers de la civilisation brésilienne, me charge de vous présenter l'expression de sa sympathie et de sa douleur devant le coup que vous venez de subir dans vos plus tendres et pures affections.

Interprète des sentiments du Sénat de Bahia, je vous prie de croire, madame, que les condoléances qui vous arrivent de si loin ne sont pas de simples manifestations officielles, mais bien l'expression sincère de la douleur ressentie par le monde civilisé devant la mort d'un homme qui, par la parfaite correction de sa conduite, par les rares qualités de son esprit et par les nobles sentiments de son cœur, était l'orgueil et la gloire de sa famille, de sa patrie et de la civilisation occidentale tout entière.

Ces sincères sympathies du monde civilisé doivent être pour la famille qu'il a tant aimée, et pour la patrie qu'il a si bien servie, cette noble République française, une consolation à la perte qu'elles viennent de subir, car elles font espérer que les exemples donnés par l'illustre mort ne seront pas oubliés et que ce grand modèle rencontrera des imitateurs et deviendra la source d'un enseignement fécond.

Avec les condoléances du Sénat de Bahia j'ai l'honneur de vous présenter, madame, l'hommage de ma plus profonde et de ma plus respectueuse sympathie.

GABRIEL DE PIZA.

LÉGATION DU CHILI

Paris, le 29 juin.

Madame,

Ayant transmis à mon gouvernement l'affreuse nouvelle de la mort de S. Exc. M. le Président Carnot, votre illustre époux, j'ai l'honneur de vous exprimer, madame, au nom de M. le président de la République du Chili, les sentiments de la plus sincère et profonde condoléance pour la perte irréparable que vous venez d'éprouver.

M. Carnot jouissait, au Chili, d'une estime et d'un respect qui étaient universels ; et je peux vous assurer, madame, que la nouvelle de l'odieux attentat commis contre lui a été considérée comme un malheur national.

En vous transmettant, madame, ces sentiments, permettez-nous d'ajouter l'expression de nos plus grands regrets et la part que personnellement nous prenons à l'immense douleur qui vous frappe.

Veuillez agréer, madame, les assurances de notre respectueuse considération, avec laquelle nous avons l'honneur d'être, madame, votre très humble et très obéissant serviteur.

AUGUSTO MATTE.

Copenhague, le 25 juin.

Madame Carnot, Élysée, Paris.

Frappée de stupeur à la nouvelle du grand malheur qui vous frappe, permettez à une Française de s'associer à votre douleur.

PRINCESSE VALDEMAR DE DANEMARK.

Londres, le 25 juin.

Madame Carnot, Paris.

Frappé de la terrible nouvelle, acceptez mes plus profondes condoléances, ainsi que celles de ma femme et de mes beaux-parents.

DUC D'YORK.

Florence, 28 juin.

Très ému par l'horrible malheur qui vient de vous frapper avec la France entière, je prie Votre Excellence d'accepter mes plus vives et sincères condoléances.

EMMANUEL PHILIBERT DE SAVOIE.

Paris, le 25 juin.

Madame Carnot, préfecture, Lyon.

Au moment où l'Italie entière, son roi et son gouvernement partagent votre deuil et maudissent avec moi le scélérat qui a frappé votre vénéré et illustre mari, permettez-moi, madame, de vous exprimer la profonde douleur que me fait éprouver la perte du grand citoyen qui fut l'ami de mon pays et à qui j'avais voué mon admiration, ma reconnaissance et ma respectueuse affection. Connaissant mes sentiments pour votre personne, pour votre famille et pour votre pays, Votre Excellence voudra accueillir avec bonté, j'ose l'espérer, ce témoignage de ma plus vive et plus cordiale condoléance et de mon éternel regret.

Ressman.

Le ministre du Japon à Paris a transmis à Mme Carnot copie d'un télégramme qui lui a été adressé de Tokyo par son gouvernement :

« Sa Majesté ayant appris avec douloureuse surprise la mort de S. Exc. M. Carnot, Président de la République française, des suites de l'odieux attentat commis sur lui, vous ordonne de faire parvenir l'expression de ses sincères condoléances à la famille du feu Président. »

Gibraltar, 28 juin.

Apprends ici injuste malheur qui vous frappe ; vous envoie plus tristes sympathies.

Alice de Monaco.

Ayant eu le plaisir de connaître M. Carnot lors de mes séjours à Paris, et lui ayant été toujours bien reconnaissant de ses bontés envers moi à l'occasion de mes visites militaires, je vous prie, madame, d'agréer mes sincères condoléances pour ce si grand malheur, que je regrette de cœur.

Alphonse Henriquez,
Infant de Portugal.

Lisbonne.

Permettez, madame, que je vous exprime au nom du gouvernement portugais les plus vifs regrets à l'occasion du terrible malheur qui vous frappe.

Le président du conseil,
Hintze Ribeiro.

Téhéran, le 29 juin.

Son Excellence Madame Carnot, Paris.

Je prends sincèrement part à l'affliction que cause dans votre cœur la perte cruelle Votre Excellence vient de subir, et je prie Dieu pour qu'il entoure de consolations l'épreuve douloureuse qu'elle traverse.

Nasser Eddin Schah Badjar.

Bidart-Biarritz, le 25 juin.

Madame Carnot, Élysée, Paris.

Prie être assurée de la part vive et sincère que je prends à votre douleur.

NATHALIE.

Pétersbourg, le 26 juin.

Madame Carnot, Paris.

Prie de croire à la vive et sincère part que ma femme et moi prenons à l'immense douleur qui vous frappe.

Duc Eugène DE LEUCHTEMBERG.

Bangkok, le 27 juin.

Madame Carnot, Paris.

Douloureusement affecté par la perte cruelle que la France et vous venez de faire, je vous présente l'expression de mes regrets sincères et de ma vive sympathie.

CHULALONKORN, REX.

Mme Carnot a reçu un télégramme de condoléances du secrétaire d'État du gouvernement de la République Sud-Africaine, au nom du peuple et du gouvernement de cet État.

Lord Dufferin a été chargé par le gouverneur général du Canada, le comte d'Aberdeen, par les colonies des Barbades et des Îles-sous-le-Vent, d'adresser à Mme Carnot l'expression de leur respectueuse sympathie.

Hanoï, le 27 juin.

Madame Carnot, Paris.

Le vice-roi et les mandarins du Tonkin, vivement émus par la mort du Président de la République française, adressent à Madame Carnot l'expression de leurs sincères regrets et leurs sentiments de respectueuses condoléances.

A Berlin, M. Herbette a reçu le télégramme suivant :

S. A. R. le grand-duc, mon Auguste Maître, me charge de témoigner à Votre Excellence la vive part que LL. AA. RR. le grand-duc et la grande-duchesse de Bade prennent au déplorable attentat dont le Président de la République a été la victime.

Leurs Altesses vous prient de transmettre à Mme Carnot l'expression de leur pleine sympathie à l'occasion de ce douloureux événement.

DE BRAUER.

Paris, le 25 juin 1894.

Madame Carnot.

La reine me commande de vous témoigner la vive part qu'elle prend à votre profonde douleur. En m'y associant de plein cœur, je ne suis que l'interprète des sentiments d'honneur qui animent mes compatriotes.

DUFFERIN.

Laeken, le 26 juin 1894.

Madame,

Je tiens à vous assurer encore de la part si vive et si sincère que le roi et moi nous prenons à votre cruelle affliction.

C'est de tout cœur que je demande à Dieu qu'il vous soutienne en cette terrible épreuve !

Veuillez, je vous prie, être auprès de tous les vôtres l'interprète de nos sentiments, et croyez bien à ma haute et affectueuse estime.

MARIE-HENRIETTE.

P. Pera. — Bebek, le 26 juin 1894.

Madame Carnot.

J'apprends maintenant la perte douloureuse que vous faites en la personne de M. Carnot. Très sensible à votre malheur, je vous prie d'agréer mes plus sincères condoléances.

ABBAS HILMI.

Lyon, le 25 juin 1894.

Madame Carnot, Lyon.

Profondément émus en présence de votre effroyable malheur, nous partageons votre douleur comme des amis les plus sincères.

DE LÉON Y CASTILLO.

Paris, le 26 juin 1894.

Madame,

J'ai l'honneur de vous présenter mes plus respectueux hommages et l'expression très sincère de la profonde sympathie avec laquelle

ma famille et moi nous nous associons, dans ces tristes circonstances, à votre accablante douleur et à la douleur de toute la France.

Je suis, madame, avec le plus grand respect,

Votre très humble serviteur,

FERNANDO CRUZ.

Strelna, le 26 juin 1894.

Madame Carnot, Paris.

Je vous prie, madame, d'accepter l'expression de ma plus vive
sympathie pour le cruel chagrin qui vient vous frapper.

Puissiez-vous puiser de la consolation dans l'assurance que bien
des cœurs s'unissent au vôtre en partageant une si profonde douleur !

Grand-duc CONSTANTIN.

Vieux-Péterhof, le 26 juin 1894.

Madame Carnot, Paris.

Veuillez accepter, madame, nos plus sincères condoléances dans
le malheur qui vient de vous frapper.

PRINCE ALEXANDRE.
PRINCESSE EUGÉNIE OLDENBOURG.

P. Dardanelles, le 26 juin 1894.

Madame Carnot, Paris.

Épouvanté par l'atroce nouvelle que je viens d'apprendre à bord
et en route pour Constantinople, je vous prie, madame, de croire aux
sentiments de ma vive douleur et à la part sincère que je prends au
grand malheur qui vient de vous frapper et de mettre en deuil la
France entière.

ALEXANDRE,
Roi de Serbie.

Constantinople, le 26 juin 1894.

Madame Carnot, Paris.

Je viens vous exprimer, madame, le chagrin profond que S. M. I.
le sultan, mon Auguste Maître, et son gouvernement éprouvent
par suite de la perte cruelle que vous venez de subir en la personne
de votre bien-aimé époux, dont les éminentes qualités et l'élévation de caractère étaient si justement appréciées par tous. Daigne le

ciel consoler votre cœur ulcéré et vous conserver pendant de longues années vos chers enfants !

Je vous prie, madame, d'agréer nos vives et très sincères condoléances.

Saïd.

Montevideo, le 25 juin 1894.

Madame Carnot, Paris.

Ma plus vive expression de chagrin pour la perte de votre illustre
époux, qui honorait la France et la République.

Le Président de la République.

Bucarest, le 25 juin 1894.

Madame Carnot, Paris.

Au nom du Sénat de Roumanie, je vous envoie, madame, l'expression attristée des regrets profonds que nous a causés l'horrible
attentat dont votre illustre époux est tombé victime, et prie le ciel de
fortifier votre âme dans la cruelle épreuve que vous traversez.

Le président du Sénat de Roumanie,
Georges Gr. Cantacuzène.

Paris, le 25 juin 1894.

Madame Carnot, Lyon.

Veuillez, madame, agréer en mon nom et en celui des membres de
la légation de Roumanie, l'expression de nos respectueuses condoléances et de la part bien vive que nous prenons à votre douleur dans
l'affreux malheur qui vous a frappée.

Lahovary.

Hué, le 26 juin 1894.

Madame Carnot, Paris.

LL. MM. les reines mères de l'empire d'Annam prient Mme Carnot
d'agréer expression de profond chagrin et de vive sympathie.

Lyon, le 26 juin 1894.

Madame,

Tous deux vous prions d'agréer nos condoléances respectueuses.
Veuillez croire que partageons votre douleur avec sincère et profonde sympathie. Veuillez transmettre nos condoléances à toute votre
famille.

Général baron Freederickz.
Baronne Freederickz.

Londres, le 26 juin 1894.

Madame Carnot, Lyon.

Permettez-moi de vous présenter très respectueusement, madame, mes condoléances sincères pour le grand malheur qui vous frappe, ainsi que la France et le monde civilisé.

FRANÇOIS MÉDINA.

Ancien ministre plénipotentiaire de Nicaragua.

Le lord-maire de Londres a transmis à Mme Carnot l'expression de la profonde sympathie des citoyens de Londres pour sa terrible épreuve.

Les autorités municipales de la Nouvelle-Zélande adressent à Mme Carnot l'assurance de leur sympathie dans la terrible épreuve qu'elle traverse.

Le lord-maire de Belfast adresse à Mme Carnot, au nom des citoyens de la ville, l'expression de sa profonde sympathie.

Mexico.

Madame Carnot, Paris.

Agréez l'expression sincère de mes plus profondes condoléances.

CARMEN R. R. DE DIAZ.

Guatemala, 27 juin 1894.

Madame Carnot, Paris.

Profondément ému, je vous présente mes sincères condoléances.

Le président de Guatemala,
JOSÉ MARIA NEYNA BARRIOS.

Ilinskoe près Moscou, le 28 juin 1894.

Madame Carnot, palais de l'Élysée, Paris.

La grande-duchesse et moi prenons une vive part au terrible malheur qui vient de frapper vous et la France. Profondément émus, nous nous associons à votre chagrin et déplorons la perte de l'homme éminent qui, par ses hautes vertus, s'est allié tous les cœurs russes et dont on gardera à jamais un souvenir de respect et d'affectueuse sympathie.

Grand-duc SERGE DE RUSSIE.

AMBASSADE D'ALLEMAGNE

Paris, le 28 juin 1894.

Madame Carnot, palais de l'Élysée.

Madame,

S. A. R. le grand-duc régnant de Bade, en partageant les senti-ments d'indignation et de douloureuse émotion que provoque partout l'horrible crime commis sur la personne de votre mari à jamais regretté, m'a fait savoir qu'il a particulièrement à cœur de vous faire exprimer sa plus vive sympathie. Je me fais, avec une profonde tristesse, madame, l'interprète des sentiments de Son Altesse Royale et je vous prie, madame, de recevoir l'expression de mes sentiments les plus respectueux.

MUNSTER.

AMBASSADE D'AUTRICHE-HONGRIE

Paris, le 28 juin 1894.

Madame Carnot, à Paris.

Madame,

En apprenant avec le plus grand effroi la perte cruelle que vous et, avec vous, la France viennent de subir, l'impératrice et reine, qui se trouve en ce moment aux eaux de Campiglio en Tyrol, a manifesté le désir que vous sachiez, madame, combien Sa Majesté s'associe à votre immense infortune.

J'ai donc été chargé et j'ai l'honneur de vous transmettre, avec ses sincères compliments de condoléance, l'expression de sa plus vive sympathie.

Permettez-moi, madame, de vous réitérer l'hommage de mon res-pectueux dévouement.

Hoyos.

LÉGATION DES ÉTATS-UNIS DU BRÉSIL

Paris, le 27 juin 1894.

Madame,

M. le maréchal vice-président des États-Unis du Brésil, sous le coup de la plus profonde consternation que lui a causée la nouvelle du grand malheur qui vient de vous frapper, ainsi que votre noble famille, en la personne de votre illustre époux, m'ordonne de vous affirmer la part très vive et très sincère qu'il prend personnellement à votre inconsolable douleur.

Vous me permettrez, madame, d'ajouter aux sentiments que j'ai l'honneur de vous exprimer au nom du chef de la nation et du gouvernement brésiliens ceux que nous éprouvons, Mme de Piza et moi, devant cette perte irréparable, en vous priant de croire que nous garderons tous deux un souvenir ineffaçable de l'accueil que nous avons toujours reçu du regretté M. Carnot.

Veuillez, etc.

GABRIEL DE PIZA.

LÉGATION DE LA RÉPUBLIQUE ARGENTINE

Paris, le 26 juin 1894.

Madame Carnot, à Paris.

Madame,

Le deuil qui vient de vous frapper, comme la noble nation française, a profondément ému mon gouvernement, ainsi que mon pays tout entier.

J'ai donc l'honneur, madame, de vous présenter, en leur nom et au mien personnel, le témoignage sincère de ma plus vive et plus douloureuse sympathie.

Daignez agréer, madame, les assurances de ma considération la plus respectueuse.

GABRIEL MARTINEZ CAMPOS.

LÉGATION DE COSTA-RICA

Paris, le 25 juin 1894.

Madame,

La profonde douleur éprouvée par toute la France et la consternation répandue sur tout le monde civilisé par l'abominable attentat dont a été victime M. le Président de la République française, votre illustre mari, sont partagées par le gouvernement et le peuple de Costa-Rica, et à plus forte raison par moi, qui ai eu l'honneur d'approcher de près l'homme intègre et bon que vous pleurez.

Daignez me permettre, madame, de m'associer avec la plus douloureuse sympathie au deuil immense qui vous frappe et de vous offrir les expressions de mes sincères condoléances et de mon plus profond respect.

MANUEL M. DE PERALTA.

Tokyo, le 28 juin 1894.

Madame Carnot, Paris.

Prie accepter mes sympathiques condoléances.

PRINCE KANIC.

Encamp, le 26 juin 1894.

Antoine Molès, syndic général des Vallées d'Andorre,
à madame Carnot, Paris.

Au nom de toutes les autorités des Vallées, j'ai le triste devoir de vous exprimer nos compliments de condoléance pour la mort de votre cher mari à la fois Président de la République française et coprince de nos Vallées. Je compatis sincèrement à votre douleur, et je vous prie d'agréer pour vous et votre famille si cruellement éprouvée l'expression de nos vives sympathies.

LA PLAQUETTE DU PRÉSIDENT CARNOT

Nous donnons ci-dessous une reproduction de la plaquette de Roty, qui est un véritable chef-d'œuvre.

C'est l'assassinat du malheureux président Carnot dont

La plaquette du président Carnot.

s'est inspiré le grand artiste et il s'est acquitté de sa tâche d'une façon exquise.

Sur une des faces, la France pleure devant le corps du président assassiné. La femme qui personnifie notre Patrie a une attitude pleine de recueillement digne et ému. Sous une draperie

17

se dessine le corps de la victime déjà rigide; les traits sont d'une ressemblance frappante; au pied de la couche mortuaire, des couronnes s'amoncellent. En haut de la plaquette, se dressent les collines de Lyon, sobrement traitées et dominées par la basilique de Fourvières.

L'autre face est encore d'une poésie plus poignante, d'un effet plus douloureux, et cela si simplement!

Le cercueil, couvert de couronnes, est porté par les douleurs au Panthéon. C'est tout, et c'est sublime.

Au premier plan, le groupe formé par les porteuses se détache avec un relief saisissant; dans le fond, le Panthéon se dessine en arêtes effacées, ce qui produit un effet de recul étonnant.

Il est impossible de ne pas se sentir ému en contemplant cette œuvre d'un grand artiste.

Toute phrase laudative serait banale pour qualifier un pareil chef-d'œuvre! Il n'y a qu'à admirer et s'incliner.

DISCOURS PRONONCÉS

AUX FUNÉRAILLES DE SADI CARNOT

Discours prononcé par M. le cardinal Richard,
archevêque de Paris.

Monsieur le Président,
Éminence,
Messeigneurs,
Messieurs,

Les voiles funèbres dont notre antique église métropolitaine de Notre-Dame s'est aujourd'hui revêtue ne sont qu'une faible expression du deuil de la France. Nous avons tous ressenti la profonde et douloureuse émotion qui a saisi le pays entier à cette soudaine annonce : « Le chef de l'État est mort, victime d'un odieux attentat. » Dans l'unanimité des sentiments manifestés par tout un grand peuple, on a reconnu l'âme de la Patrie française qui, malgré les dissentiments et les diversités d'opinion, fait vibrer à l'unisson tous les cœurs dans les circonstances solennelles de notre vie nationale. La France, je ne crains pas de le dire, messieurs, n'a pas perdu la notion chrétienne du pouvoir social. Elle a ses heures d'oubli et d'égarement ; mais, avec le ferme bon sens que lui ont donné quatorze siècles d'existence chrétienne, elle reconnaît dans le chef de l'État, quel que soit le mode de transmission du pouvoir et quelle que soit la forme des institutions politiques, le caractère auguste du représentant de l'autorité divine dans la société. Ce sera toujours l'honneur de ceux qui gouvernent une grande nation.

Des voix plus autorisées que la mienne à traiter les questions de l'ordre politique vous rappelleront les qualités éminentes qui méritèrent à M. Carnot d'être élu Président de la République française. Je me contenterai de répéter ici la parole qui a été sur toutes les lèvres pendant les années de sa magistrature : « C'était l'homme intègre dans la vie publique, dans la vie privée. » Il est des paroles, messieurs, qui, plus que les longs discours, font l'éloge des hommes que l'on pleure et demeurent gravées dans la mémoire du peuple.

Mais je ne serais pas fidèle à mon ministère si je me bornais à ces pensées qui ne s'élèvent pas au-dessus de l'ordre terrestre. Vous attendez de moi, dans cette chaire, une parole évangélique. Comment, en effet, ne pas regarder plus haut et plus loin que la terre dans les catastrophes soudaines où se révèle la toute-puissance de Dieu ? Quand un homme, parvenu au faîte de l'autorité et de l'honneur, est frappé inopinément dans l'exercice de la magistrature suprême, comment, dans cet évanouissement subit des grandeurs humaines, ne pas répéter la parole de l'Ecriture : « *Vanitas vanitatum et omnia vanitas*, Vanité des vanités, et tout est vanité? » Ce texte, qui convient à tous les états et à tous les événements de notre vie, par une raison particulière devient propre à mon lamentable sujet, dirai-je en me servant des paroles mêmes de Bossuet dans l'*Oraison funèbre d'Henriette d'Angleterre;* mais j'ai hâte d'ajouter, avec le grand orateur de la chaire française : « L'homme que Dieu a fait à son image, n'est-il qu'une ombre? Ce que Jésus-Christ est venu chercher du ciel en la terre, ce qu'il a cru pouvoir, sans se ravilir, racheter de tout son sang, n'est-ce qu'un rien? » Concluons avec Bossuet : « Tout est vain en l'homme, si nous regardons ce qu'il donne au monde ; mais, au contraire, tout est important, si nous regardons ce qu'il doit à Dieu. »

Cette dette sacrée, l'homme que nous pleurons l'a acquittée envers Dieu, après avoir noblement payé sa dette à la Patrie.

Merveilleuse harmonie des choses du ciel et de la terre : ce qui nous empêche d'entendre aucune note discordante dans le concert des regrets publics, ce qui unit la France autour de ce cercueil que nous contemplons avec émotion, c'est que l'homme dont il renferme la dépouille mortelle n'a quitté la terre qu'après avoir reçu la bénédiction de Dieu. Messieurs, la France, notre chère France, demande, appelle l'union des cœurs. Laissez-moi déposer sur la tombe du Président Carnot le vœu que sa vie, sacrifiée au devoir, soit une grande leçon d'union entre tous les enfants de la Patrie française, s'accomplissant par l'alliance du patriotisme et de la foi.

Ces pensées se présentaient à mon esprit lorsque, il y a quelques jours à peine, je demandais à Léon XIII de bénir la France si cruellement éprouvée par l'attentat qui venait de lui ravir le chef de l'Etat. Il m'était bon d'entendre une fois de plus la voix de cet auguste vieillard, que tous les peuples respectent, bénir la France avec un accent de tendresse particulière, et plus que jamais nous convoquer à l'union des cœurs et des volontés, suivant la prière du Christ Jésus.

Nous ne saurions clore ce discours sans offrir un hommage de res-

pectueuse_et profonde sympathie à la famille de M. le Président
Carnot, si digne de recucillir l'héritage d'intégrité et d'honneur qu'il
lui a légué en mourant. Grâce à Dieu, messieurs, elles sont toujours
nombreuses en France les familles dans lesquelles une épouse, une
mère, garde le trésor des vertus douces et fortes qui font le charme
et l'énergie de la vie. Honneur à ces femmes chrétiennes qui sont
une des gloires de la France et une de nos meilleures espérances de
l'avenir ! Cet hommage, il m'est doux de le déposer au seuil d'un
foyer dont le deuil est celui de la France entière.

Et maintenant, chrétiens, nous unirons nos prières pour demander
à notre Dieu qui juge les justices, *Justitias judicabo*, mais qui est
surtout le Dieu de la miséricorde et du pardon, *Cui proprium est
misereri semper et parcere*, de donner place à celui que nous pleurons dans le lieu du repos, de la lumière et de la paix.

Ainsi soit-il !

Discours prononcé au Panthéon par M. Challemel-Lacour,
président du Sénat

Messieurs,

Ma pensée et peut-être aussi la vôtre se reportent en ce moment à
quelques années en arrière. Nous célébrions, il y a cinq ans, une
cérémonie analogue à celle-ci, quoique moins tragique ; sous ces
voûtes retentissait alors comme aujourd'hui le nom de Carnot. Le
4 août 1889, un grand nombre de ceux qui sont ici rendaient des
honneurs tardifs, mais profondément émus aux restes de Lazare
Carnot, qui nous revenaient d'un long exil. Lazare Carnot avait été
mêlé à des événements terribles ; il avait été emporté, jeune officier,
dans une tourmente où tant d'autres perdirent pied ; il ne périt pas,
il eut l'honneur d'incarner un jour en lui l'âme de la Patrie ; ses travaux et le succès de ses plans inscrivirent son nom en caractères
ineffaçables à côté des victorieux. Mais la destinée, quand elle fait
à quelque élu de son choix une place d'honneur dans les jeux où elle
se complaît, ne le fait pas gratuitement. Lazare Carnot, exilé deux
fois, après avoir erré des années en pays étranger, était mort dans
une ville lointaine et ses restes y étaient obscurément ensevelis
lorsque, soixante-six ans après, ils nous étaient fidèlement rendus
par la terre à laquelle en avait été confié le dépôt.

Nous rendons aujourd'hui, à cette même place, les derniers honneurs à un autre Carnot. Celui-ci était pacifique entre tous. Sa vie
privée, sa vie publique ne présentaient pas une tache ; il serait difficile au juge le plus sévère de trouver en lui matière à un reproche

sérieux et mérité. La bienveillance était le trait dominant de son caractère. Il n'a jamais connu la colère ; jamais une pensée de vengeance n'effleura son cœur ; s'il ne fut pas incapable d'indignation, il a toujours ignoré la haine, et même dans les jours lugubres où il votait pour la continuation de la guerre, il rêvait, sans irritation contre personne, un ordre européen qui, bien loin d'ouvrir une longue perspective de guerre et une période d'angoisses accablantes même pour les plus résolus, assurât une paix durable parce qu'elle serait sincère. Puis, porté d'une manière imprévue à la magistrature suprême, il travaille sans relâche pendant près de sept ans au bien du pays ; il s'applique à faire aimer la République, en désarmant par son sourire aimable et loyal jusqu'aux plus profondes rancunes, en se prodiguant à tous dans ses voyages sans fin. Entouré de la considération européenne, il attache son nom à des actes d'heureux présage pour l'avenir du pays ; quelques mois encore et il va rentrer dans le repos auquel il aspire. Le moment est venu : il faut qu'il tombe, et sans motif imaginable, sans avoir fait à qui que ce soit la plus légère blessure, victime d'un dévouement que la maladie n'a pas affaibli, victime de cet excès de confiance auquel l'homme droit et bon s'accoutume si vite, il tombe à l'improviste sous le poignard d'un misérable assassin.

Voilà l'aïeul et le petit-fils à cette heure réunis. Devant cette destinée qui semble réserver de parti pris aux vies les plus honnêtes, aux cœurs les plus hauts et les plus désintéressés, tantôt l'exil, une vieillesse errante, une mort obscure loin du pays natal sous un toit étranger, tantôt la vengeance inexplicable d'un fou sorti de l'ombre uniquement pour frapper, un doute amer se glisse dans l'âme ; elle se demande à quoi bon agir, puisque telle est la rémunération qui attend les plus purs dévouements.

Doutes futiles, car la réponse éclate autour de nous. La France, que le grand-père et le petit-fils ont aimée d'un même amour, dont l'idée dominante et unique faisait oublier au membre du Comité de salut public les horribles tragédies où il vivait, qui remplissait toute la pensée du Président au point de n'y laisser nulle place pour les calculs de l'ambition ou d'une vulgaire prudence, elle est là vivante et forte, portant noblement la cicatrice des blessures qu'elle a reçues, forçant dans ses heures les plus critiques le respect des autres par la dextérité avec laquelle elle sort de ces crises. L'ouvrier est frappé au milieu de son travail, il périt par un accident vulgaire ; l'œuvre avance et se conserve. La foi dont ils ont vécu, où ils ont puisé la force d'agir n'est point trompée ; l'inspiration qui a fait la dignité de leur vie et qui fait aujourd'hui l'honneur de leur nom était la bonne. Ce qu'ils ont amassé d'estime ou mérité d'admiration est un trésor impérissable, il demeure et tourne au profit de ceux qui sur-

vivent. La France vit du dévouement de tous ceux qui se sont sacri-
fiés pour elle, des nobles pensées qui ont traversé leur esprit, de leurs
souffrances, même de leur mort : le coup frappé à Lyon retentit en
témoignages de sympathie où nous avons le droit de puiser quelque
force et quelque fierté.

Oui, l'action humaine est fort bornée, et grande est l'erreur de
ceux qui s'en exagèrent la portée ; mais elle est réelle, quoiqu'elle ne
se mesure pas à l'orgueil des promesses, ni à la grandeur des des-
seins, ni à la présomption de ceux qui se confient trop dans leur
force. Nul n'eut moins de prétention que M. Carnot et ne fut plus
sobre de promesses. Mais quand on se rappelle la situation troublée
au milieu de laquelle il fut appelé à la Présidence et comment il en
est sorti sans recourir une seule fois à d'autres moyens que les plus
constitutionnels, les plus honnêtes et les plus simples, on ne peut se
défendre d'un profond sentiment de respect. Ceux d'entre nous qui
se rappellent le jour de la distribution des récompenses de l'Exposition universelle, ceux qui revoient en idée ce défilé immense de bannières de toute couleur, de tout pays, de toute dénomination,
s'inclinant l'une après l'autre en passant devant ce jeune Président,
ne peuvent avoir oublié l'impression d'autorité calme et de majesté
bienveillante qui se dégageait d'un tel spectacle. Les échos remplis
depuis une semaine des témoignages de l'émotion sincère soulevée
par cette disparition foudroyante disent assez quelle place il occupait
dans l'estime de l'Europe. Comment s'était-il trouvé si vite et si faci-
lement de plain pied avec une situation si nouvelle ? Par cette impeccable correction dont les esprits légers, gâtés par l'habitude et l'abus
du persiflage, ont voulu parfois s'égayer. Avec plus de réflexion, ils
auraient aperçu que cette correction, c'est-à-dire la dignité constante
du maintien, du langage, de la vie, n'est point chose apprise et l'effet
d'une contrainte de la volonté ; elle ne peut être que le reflet de la
correction de l'âme, l'expression d'une nature dégagée de tout ce
qui est bas et accoutumée à prendre au sérieux tous les devoirs, de
quelque nature qu'ils soient, qui lui sont imposés.

Cette dignité d'attitude et de langage, peut-être avait-elle en partie
sa source dans ce calme d'âme, si éloigné de l'indifférence et de la
frivolité, et qui ressemble plutôt à une foi supérieure. Ce calme est
un don d'une rare valeur chez un homme d'État, il est d'un prix
sans égal chez celui qui occupe la première place ; il est le plus sûr
auxiliaire de la raison, car il conserve au jugement sa lucidité et à la
volonté son équilibre. M. le Président Carnot ne s'en départit jamais :
soit en présence de l'indéfinissable aventure qui troubla les premiers
jours de sa Présidence, lorsqu'un étrange aventurier et un cortège
d'alliés plus extraordinaire encore escomptaient à si grand bruit un
succès auxquels ils ne croyaient pas ; soit en face des difficultés trou-

blantes, nées de changements brusques et fréquents dans l'administration. M. Carnot toujours paisible attendait, non pas avec une résignation fataliste, mais avec une confiance raisonnée qui peu à peu se communiquait aux autres et où plusieurs, qui se flattaient pourtant d'avoir une tête solide et une âme forte, étaient heureux de trouver un cordial inattendu.

Que ce calme nous soutienne dans l'heure grave que nous traversons ! Il semble que la destinée, en plaçant sur notre route des criminels d'une espèce inconnue et en livrant à l'un d'eux une victime d'un si grand prix, nous sollicite elle-même de réfléchir plus sérieusement que jamais sur l'énigme qu'elle nous donne à expliquer lettre à lettre. En attendant que nous en découvrions le mot, si nous ne sommes pas condamnés à l'ignorer toujours, nous n'avons rien de mieux à faire que de suivre, dans ce temps si rempli de questions obscures, la plus sûre de toutes les lumières, celle qui reluit de toutes parts dans la vie du Président Carnot : l'amour profond de la Patrie, le culte inflexible de la loi.

*Discours prononcé par M. de Mahy, vice-président
de la Chambre des députés.*

Messieurs,

Les circonstances qui m'investissent pour quelques heures de la présidence de la Chambre des députés m'imposent le douloureux devoir d'exprimer, au nom des élus du suffrage universel réunis en corps autour de cette tombe, le chagrin violent, l'amère tristesse de notre âme et en même temps l'indignation qui nous obsède, la colère dont notre cœur est plein, car nous ne pouvons, en voyant la France en deuil et en pleurant l'homme que nous avons perdu, écarter de notre pensée le fait brutal, l'attentat, le crime monstrueux d'un assassin.

Dans l'exercice de sa fonction constitutionnelle, en venant comme chef de l'État consacrer le succès d'une œuvre de haut intérêt national, au milieu des témoignages charmants de sympathie, de respect, de gratitude qu'il recevait de la généreuse et patriotique population de notre seconde ville de France, au milieu de l'enthousiasme de la foule, en pleine confiance, en pleine fête, M. Carnot a été frappé à mort.

Nous aimions en lui l'homme privé et l'homme public, le concitoyen, l'ancien collègue, autant que le Président de la République. Longtemps il a fait partie avec nous de l'Assemblée nationale et de la Chambre des députés. Qui ne se rappelle l'aménité de ses manières, sa vaste instruction, sa connaissance approfondie des

affaires, son assiduité au travail, sa régularité, son talent plein de
sagesse, sa parole honnête, courageuse, toujours courtoise et d'une
élégante sobriété, sa probité proverbiale, la douce fermeté de son
caractère, un grand nom bien porté, tant de qualités solides et dis-
tinguées singulièrement rehaussées d'exquise modestie ! Il était bon
républicain parmi les meilleurs. Il avait l'estime de tous, même de
ses adversaires politiques, et nul ne fut surpris, en France et au
dehors, qu'après avoir été un parlementaire honorable à tous égards,
successivement secrétaire et vice-président de la Chambre, rapporteur et président de la commission du budget, plusieurs fois sous-
secrétaire d'État et ministre, il arrivât, d'un consentement unanime,
à la suprême magistrature de la République.

Il touchait au terme de ce mandat. Comment il l'a rempli, la voix
de la France et les échos qui nous reviennent de toutes parts du
monde civilisé nous le disent assez ! Je ne sais si dans tout le cours
de l'histoire il s'est rencontré un chef d'État dont la mort ait provoqué des regrets plus profonds, plus unanimes, plus vrais ! Jusque
dans nos colonies les plus éloignées, la douleur de la mère patrie a
été ressentie. Sur tous les points du territoire de la France européenne et de la France d'outre-mer, l'explosion du sentiment public
a été la même. Et vous avez entendu aux deux tribunes du Parlement français le noble langage de toutes les puissances : rois, empe-
reurs, présidents de républiques, assemblées représentatives ou
souveraines adressant à notre nation et à la famille de M. Carnot les
condoléances du monde entier.

Ah ! nous pouvons pleurer le Français qui a valu à son pays de
pareils témoignages, le républicain qui a su concilier à la République
ces universelles marques d'estime et de sympathie.

Sa vertu la plus forte fut l'amour de la France. Tout jeune, à peine
sorti de nos grandes écoles, l'école polytechnique, l'école des ponts
et chaussées, dans un rang qui lui permettait de choisir sa résidence, il donna la préférence aux populations de la Savoie, récemment rentrées par leurs libres suffrages au giron de la patrie. Puis,
quand éclata la guerre, en 1870, il courut offrir ses services à Gambetta qui l'envoya au Havre pour organiser la défense dans la partie
de la Normandie que l'invasion n'avait pas encore occupée. Il y
déploya autant d'activité et d'habileté que d'énergie et de courage.
Il lutta à outrance, et peu de temps après, lorsqu'à l'Assemblée
nationale le démembrement de l'Alsace-Lorraine s'imposa, il fut l'un
des 107 représentants du peuple qui, dans la mémorable séance du
1er mars 1871, à Bordeaux, ne purent se résoudre au sacrifice. Il
croyait la guerre encore possible, et avec Gambetta et les généraux
qui avaient commandé en face de l'ennemi, Chanzy, Billot, Loysel,
Mazure, il vota la continuation de la guerre à outrance.

La paix conclue, il s'adonna, avec nous tous, ses collègues du Parlement, à relever par les finances, par l'outillage national, par le développement de nos voies ferrées et par l'armée les forces de la nation, préparant ainsi le maintien de la paix du monde ou la revanche, si quelque agression du dehors obligeait jamais la France à tirer l'épée du fourreau. Devenu Président de la République, Carnot s'attacha avec passion au maintien de la paix, et il sut avec le concours du Parlement et du pays, et tout en gardant de bonnes relations avec toutes les puissances, assurer à notre pays l'amitié, l'alliance du grand empire du Nord, scellée dans ces fêtes de Russie et de France dont il rappelait, dans ses dernières paroles à Lyon, l'inoubliable souvenir.

Maintenant, à la fin de ces grandes funérailles, avant de nous séparer de ce cher mort, il convient de tirer de ce tragique événement la leçon qu'il comporte.

D'abord, la stabilité de la République. Il peut dépendre d'un meurtrier de nous jeter dans la désolation, mais non de nous déconcerter ni de compromettre la République.

Les attentats ne détourneront pas les représentants du peuple français, quel que soit leur rang au pouvoir ou dans les Assemblées, de leur œuvre de progrès démocratique où l'ordre public, l'autorité, sont nécessaires à l'égal de la liberté elle-même. Ils ne nous feront pas oublier « le désir de concorde et de paix dont la France républicaine est animée », comme avait coutume de le dire le sage politique dont nous devons méditer les conseils. Rien de nous fera oublier non plus que « nous devons, selon la promesse du Président Carnot, assurer la réalisation des réformes nécessaires, avec la stabilité du pouvoir et la confiance du pays dans son avenir ».

Ces réformes, il faut nous y mettre résolument et sans retard. Il y a, dans notre pays, des criminels à réfréner et à punir, mais il y a aussi des souffrances à alléger, des égarés à ramener, des malheureux à secourir, des concitoyens, des Français, nos frères, misérables par leur faute, ou par la nôtre, ou par la fatalité des circonstances, dignes de compassion pour la plupart, dangereux, bien souvent, par leur nombre et par l'excès de leur misère. Il faut leur montrer que nous nous occupons d'eux avec sincérité et rechercher les moyens d'améliorer leur sort. Il y a un certain équilibre à rétablir. La double nécessité est évidente d'un sérieux travail de réformes en même temps que d'une énergique répression. Notre politique doit embrasser ces deux points de vue. Nous confiner dans un seul ou donner à l'un des deux une prédominance marquée, risquerait de nous conduire au naufrage de la société française.

Le peuple, le souverain, guidé par le sûr instinct de sa conservation, nous donne, par son attitude admirable dans les graves conjonctures que traverse notre patrie, un grand exemple. Il répudie le cosmopolitisme international, et ses doctrines détestables, et ses désastreux effets ; et il veut que l'on en finisse avec les fauteurs de désordre. Il veut chez lui cette concorde et cette paix dont parlait notre regretté Président. Il y a droit ! Et nous devons, nous ses représentants, à qui il a confié ses destinées, ne reculer devant aucun sacrifice pour obéir à sa volonté. Il nous le demande, en face de ce cercueil. Nous devons tout à la Patrie. Chacun de nous serait prêt, je le sens à ce qui se passe en moi, chacun de nous est prêt à donner sa vie. Ce serait peu ! Ce qui est plus difficile et serait plus utile, c'est de sacrifier une partie de nos passions, de nos haines, de nos rancunes, de nos préjugés, afin d'arriver à pouvoir nous entendre pour le bien du pays ; et je voudrais que chacun de nous en prît ici, vis-à-vis de soi-même, l'engagement sacré.

Adieu, Président Carnot ! Rejoignez dans le Panthéon de France et dans l'immortalité votre illustre aïeul, l'Organisateur de la victoire, et votre père, le ministre de l'instruction publique de 1848, cet homme de bien, ce vaillant républicain qui vous a élevé et qui a fait de vous le grand citoyen dont le peuple français gardera fidèlement la mémoire.

Puissent votre veuve, votre famille, trouver dans les manifestations du deuil public, aussi touchantes que grandioses, un adoucissement à votre malheur.

Discours prononcé par M. Ch. Dupuy, président du conseil des ministres.

Messieurs,

Le Président Carnot dans son Message aux Chambres, au lendemain de son élection, leur disait : « Tout ce que j'ai de force et de dévouement appartient à mon pays. »

Il a tenu plus que sa promesse ; il a donné à son pays sa vie même ; car c'est pour la France et pour la République qu'il est mort ; c'est bien le chef d'État que l'assassin a frappé, exerçant contre le défenseur des lois et le gardien de la Constitution la vindicte sauvage d'une secte que toutes les patries rejettent et que le concert des peuples saura rendre impuissante.

Le Président Carnot est tombé dans l'exercice de ses fonctions comme un soldat au champ d'honneur. Il sortait d'une réunion où sa parole cordiale avait charmé tous les esprits, où son appel à la concorde avait pénétré et ému tous les cœurs.

Déjà il entrevoyait l'heure du repos, l'heure où il pourrait appartenir tout entier à son admirable compagne, à ses enfants auxquels il laisse de grands exemples et de grands devoirs, et goûter parmi eux cette intimité familiale qui est le premier bien et la suprême joie d'un honnête homme.

Quoi qu'on ait pu dire, il ne songeait nullement à solliciter le renouvellement de son mandat.

Il estimait que si la lettre de la Constitution permet la réélection, l'esprit des institutions la défend.

Plus d'une fois, dans des moments difficiles, alors que la question présidentielle paraissait peser sur la situation générale, il avait été tenté de déclarer publiquement ses intentions. Il fut toujours retenu par la crainte, s'il parlait avant le terme légal de son mandat, de diminuer la fonction qu'il exerçait et de ne pas la maintenir intacte et incontestée jusqu'à la dernière heure devant la France et devant l'Europe.

Il avait du rôle du Président de la République une conception très haute. Il pensait que la France ne saurait être représentée avec trop de dignité et de correction, et sans se départir jamais de cette simplicité républicaine qui était comme instinctive chez lui, il a su donner à la magistrature suprême une tenue, une attitude, une valeur représentative qui répondent et au sentiment et à l'intérêt national. Il avait ainsi inspiré à tous, au dedans et au dehors, pour sa fonction et pour sa personne, la sympathie et le respect.

Ces sentiments éclatent dans l'unanime douleur de la France, qui, par tous ses organes, par tous ses représentants, depuis la plus petite commune jusqu'au Parlement, a exprimé son horreur pour l'attentat et son affection pour la victime.

Ils éclatent dans ces télégrammes des souverains, dans ces adresses et ces manifestations des Parlements étrangers, dans ces délégations des gouvernements et des peuples, dans ces milliers de couronnes qui symbolisent tant de regrets, de sympathies et d'admiration. Les chefs d'État, les assemblées, les personnalités illustres, célèbrent à l'envi dans ce grand mort l'homme intègre, le citoyen exemplaire, le magistrat loyal et par-dessus tout l'ami de la concorde et de la paix entre les nations. Si de tous les points du globe, si des peuples petits ou grands, si des rives les plus lointaines monte vers lui l'hommage unanime dont nous avons entendu depuis huit jours les émouvantes expressions, c'est que le Président Carnot a consacré toutes ses facultés et tous ses efforts à cette œuvre de la paix.

Dans ses voyages, qui ont tant contribué à imprimer dans les cœurs l'amour de la République ; à la suite des grandes revues annuelles où il prenait contact avec l'armée nationale ; dans les cérémonies publiques où il avait à répondre aux adresses les plus diverses, partout, toujours, il s'est montré l'ami convaincu, le partisan éclairé de la paix.

A Toulon, au terme des fêtes qui nous ont laissé de si vivants souvenirs, après avoir rappelé solennellement les émotions de cette inoubliable période de fraternité entre deux grands peuples, il provoqua les applaudissements du plus généreux auditoire en célébrant dans ces manifestations le gage le plus sûr de la paix du monde.

Aussi peut-on dire que dans ce Panthéon où il va reposer à côté de l'Organisateur de la victoire, la mort enveloppera d'une même ombre majestueuse et sereine, voisins l'un de l'autre, sortis du même sang, protégés par le même nom deux fois cher à la Patrie, le génie de la guerre et le génie de la paix.

La République portera souvent ses regards reconnaissants vers cette colline, asile suprême des grands citoyens. Elle n'oubliera jamais ce qu'elle doit au Président Carnot. Elle célébrera sa foi invincible dans la liberté et dans la justice et son impassible courage aux jours où les institutions menacées ne durent leur salut qu'à la concorde des républicains et où l'on peut dire que l'exemple du Président avait appris à tous à ne point désespérer, en dépit de l'orage. Elle témoignera devant l'histoire qu'il a voulu réunir tous les Français dans l'amour d'une République tolérante et sage, progressive et libre, et qu'il a contribué à la faire assez forte pour que sa mort ne l'ait point ébranlée.

Il avait l'âme ouverte aux questions les plus pressantes de ce temps ; il avait une particulière sollicitude pour les humbles et les faibles, pour les laborieux et les souffrants.

Il avait hérité quelque chose de cette disposition humanitaire si touchante de la République de 1848 dont son père, saint-simonien plutôt corrigé que repenti, fut un des ministres les plus utiles. Le nombre des œuvres d'assistance sociale ou de bienfaisance individuelle auxquelles il donnait son concours est considérable. On le connaissait, et c'est peut-être la notoriété qui lui parut la plus enviable, dans tous les milieux où l'on peine, où l'on travaille, où l'on souffre. De là cette popularité qui chaque jour gagnait en étendue et en profondeur, popularité que seule la bonté fait naître et que seule la bonté maintient. De là ces démonstrations d'affection et de douleur dont le spectacle se déploie depuis huit jours en ces longues théories de visiteurs de tout rang et de toutes conditions, amis, inconnus qui se succèdent par milliers au palais de l'Élysée, le cœur plein de regrets et les yeux pleins de larmes.

Cher Président, nous vous disons un suprême adieu, votre mémoire ne périra point. La France a senti quelle perte elle a faite ; elle vous sera toujours reconnaissante de l'avoir servie avec fidélité, de l'avoir représentée avec honneur ; elle vous remerciera toujours d'avoir par vos conseils et par vos exemples préparé l'union de tous ses fils dans un commun amour de la République et de la Patrie.

Vous disiez souvent que la première condition pour bien servir la République, c'était de ne jamais perdre de vue la France.

Nous retiendrons cette maxime, et nous nous appliquerons à la voir toujours, comme vous la voyiez vous-même, dans sa grandeur et dans sa force, dans ses espérances, supérieures aux inévitables tristesses d'une noble destinée, dans son passé plein de gloire, dans son avenir plein de promesses.

Le gouvernement de la République incline sur votre cercueil le drapeau voilé de deuil. Agréez ce suprême hommage d'une profonde gratitude et d'une douleur sincère.

Discours prononce par M. le général André,
commandant l'École polytechnique.

Messieurs,

Le mois dernier, le Président Carnot traversait déjà la place du Panthéon, le mois dernier des étendards et des flammes tricolores flottaient comme aujourd'hui sur les bâtiments de l'École polytechnique ; mais, ce jour-là, le Président de la République était sans escorte ; ce jour-là, nos drapeaux n'étaient ni cravatés de deuil ni voilés de crêpes lugubres.

Carnot venait revoir son école, au centenaire de laquelle il avait voulu s'associer ; il venait à nous en camarade, nous apportant, comme il portait partout où l'appelait son devoir, la profonde bienveillance dont il a su depuis donner encore une marque suprême par ses dernières paroles à ceux qui l'assistèrent à ses derniers moments ; il nous apportait l'accueil cordial et sincère à l'aide duquel il cherchait à nous dégager, dans la forme du moins, de notre profond respect pour le premier magistrat de notre République.

C'est à une réunion de famille qu'il se rendait, ce sont des souvenirs de jeunesse qu'il venait évoquer, souvenirs d'affection et de douce sérénité. Dans une telle circonstance, il a montré l'étendue de l'honneur qu'il nous faisait et toute la part élevée qu'il nous apportait de son cœur, en se faisant accompagner par cette femme si digne de lui, cette veuve d'aujourd'hui, vers laquelle la France entière, les femmes et les mères surtout, tournent des yeux noyés de larmes.

Elle nous est arrivée alors souriante et heureuse, accueillant nos hommages et nos fleurs avec sa gracieuse cordialité et l'expression de sa bonté la plus pure, s'intéressant à nos détails d'école, voulant revoir la place autrefois occupée par son mari, trouvant des attentions et des paroles de mère pour les jeunes élèves qui l'accompagnaient. Aujourd'hui, en ce moment, nos cœurs se portent, étreints par la plus poignante émotion, vers cette épouse accablée qui personnifie, en la concentrant dans son âme, la douleur dont souffre la France.

Notre cérémonie du centenaire comprenait l'inauguration d'une plaque commémorative des élèves de l'école morts au devoir, pour la Patrie ; cette plaque est collective et anonyme, la place faisant défaut pour l'inscription des noms de tous ceux de nos camarades qui ont eu ce glorieux succès. Un nom figure cependant sur ce marbre désormais mémorable, le nom du Président Carnot. Cette inscription n'était alors qu'un hommage lapidaire au chef de l'État, c'est aujourd'hui la consécration du nom le plus illustre de ceux des nôtres qui, teignant de leur sang le livre de nos annales, se sont dévoués jusqu'à la mort.

Il est tombé à son poste, en héros. Trop heureux époux, trop heureux père, trop aimé, pour ne pas estimer l'existence, il était trop clairvoyant, trop bien renseigné pour méconnaître le danger. C'est en pleine connaissance de cause qu'il l'affrontait délibérément, résolument, incessamment. Librement élu par les représentants légitimes de la nation, sentinelle avancée de la démocratie française, il ne consentit jamais à admettre qu'une barrière, qu'une protection quelconque, qu'une simple précaution même pût être nécessaire entre lui et ses concitoyens. Tout à tous, en homme de courage, la main dans la main, le cœur découvert, c'est ainsi que la France l'a toujours vu.

C'est ainsi que je l'ai vu à Beaune, c'est ainsi que je l'ai vu à Dijon, à même la foule, lors du voyage qu'il fit dans la Côte-d'Or, si fière d'avoir été le berceau des Carnot dont la grande âme plane sur tout un siècle de notre histoire nationale, et si profondément dolente aujourd'hui des suites du plus atroce des attentats.

C'est ainsi que Paris l'a vu dans toutes ses fêtes ; c'est ainsi que la population ouvrière de Vincennes le vit il y a cinq ans, alors qu'un désordre moral aigu rendait malheureusement quelque danger possible. Le Président Carnot n'admit aucune mesure pouvant impliquer le moindre manque de confiance ; c'est aux ouvriers de Vincennes qu'il fit appel pour former la haie sur son passage, c'est à eux qu'il remit sa personne, descendant de voiture pour mieux s'en approcher, serrant les mains tendues, abordable à chacun, sereinement confiant en eux tous ; ils l'ont acclamé alors, ils adressent aujourd'hui à ses restes mortels le respectueux hommage de leur profonde douleur.

Ce sacrifice au devoir dans sa plénitude, sans retards, sans doutes et sans hésitations, le Président Carnot l'a accompli jusqu'au bout, jusqu'au delà même des limites d'une sage prudence ; il nous en laisse le magnifique exemple tout empourpré de son sang.

Toujours du côté du droit et de la justice, il a joint à l'esprit de sacrifice, qui le consacre dans notre admiration, l'intégrité qui commande l'estime, la dignité qui impose le respect, le désintéressement qui touche les cœurs et la bienveillance qui provoque l'affection.

Aussi est-ce avec un profond déchirement, avec une angoisse ordinairement réservée aux douleurs les plus immédiates et les plus intimes, que l'École polytechnique, les anciens et les jeunes reçurent la funeste nouvelle. Cet atroce malheur nous touchait tous directement, comme l'eût pu faire la perte d'un parent des plus chers. Ce sentiment était si vrai, si bien justifié par son objet, qu'il fut instinctivement deviné et compris dans toutes les parties de la France et de l'étranger même d'où nous arrivèrent, comme pour un deuil personnel, des lettres de condoléance qui n'osaient s'adresser plus haut.

Dans toute la France, le cœur est touché dans ce qu'il a de plus noble, dans une affection basée sur l'estime la plus absolue. Une mère vient à moi en larmes et, dans des sanglots : « Ah ! général, que mon fils puisse être honnête et dévoué comme le fut M. Carnot. »

Cette expression générale de la douleur française, nous l'apportons ici avec la nôtre ; nous l'apportons à ceux qui, partageant plus intimement la vie du Président, l'aimaient plus profondément encore. Nous l'apportons respectueusement à cette mère qui ne veut pas être consolée, à cette veuve qui ne le sera pas ; et nous venons unir nos larmes à celles d'un frère, d'une fille et d'un gendre désolés. Quant aux fils qu'il nous laisse, tous les trois dignes de leur grand nom par la rectitude de leurs carrières, dans lesquelles n'intervint jamais, à aucun titre, la haute situation de leur père, quant à eux, qu'ils pleurent encore de longs jours leur perte irréparable, mais qu'ils sentent aussi, avec une mâle et noble fierté, circuler dans leurs veines un sang qui vient, suivant la devise de l'école, de couler « pour la Gloire et pour la Patrie ».

Les pouvoirs nationaux, pour rendre un suprême hommage à cette grande figure républicaine, décernent au Président Carnot les honneurs du Panthéon, où il va reposer aux côtés du grand conventionnel son aïeul. Le ramener ainsi près de nous, c'est presque nous inviter à en prendre la garde ; l'École polytechnique saura le bien garder.

Au nom de l'école, au nom des anciens et des jeunes élèves, au nom même des promotions futures, au nom des amis inconnus qui m'ont pris pour interprète, j'adresse un suprême adieu à celui qui fut notre camarade, au Président Carnot, pour lequel s'ouvrent toutes glorieuses les portes de l'histoire.

LISTE DES DÉLÉGATIONS

QUI ONT ASSISTÉ AUX FUNÉRAILLES

DE SADI CARNOT

1er GROUPE

Courounes des ministères.

Couronne des préfets.

Couronne du conseil général de la Seine.

Couronne du conseil d'arrondissement.

Couronne du conseil municipal de la ville de Paris.

Délégations des ministères.

Délégation de la Légion d'honneur.

Délégation des chemins de fer de l'État.

Délégation de la manufacture des tabacs.

2e GROUPE

Délégations de la préfecture de la Seine.

Délégations de la préfecture de police.

Délégation des forts de la halle.

Délégation des comités du 3e arrondissement.

Délégation des comités du 10e arrondissement.

Délégation des comités du 11e arrondissement.

Délégation des comités du 17e arrondissement.

Délégation des comités du 19e arrondissement.

Délégation des comités du 20e arrondissement.

Délégation de la commune de Vincennes.

Délégation de la commune de Charenton.

Délégation de la commune de Neuilly-sur-Seine.

Délégation de la commune d'Aubervilliers.

Délégation de la commune de Clamart.

Délégation de la commune de Clichy.

Délégation de la commune de Courbevoie.

Délégation de la commune de Suresnes.

3e GROUPE

Délégation de la ville de Limoges.

Délégation de la ville de Beaune.

Délégation du département du Rhône.

Délégation de la Réunion de la Côte-d'Or.

Délégation de la banque de France de la Côte d'Or.

Délégation de Châtillon-sur-Seine.

Délégation du Cercle républicain de la Côte-d'Or.

Délégation de la ville de Mâcon.

Délégation de la ville de Dijon.

Délégation du comité du 2e arrondissement de Lyon.

Délégation des exposants lyonnais.

Délégation de l'association des Limousins.

Délégation de la chambre de commerce de Lyon.

Délégation de la ville de Saint-Yrieix.

Délégation de la ville de Nolay.

Délégation du conseil général de la Haute-Vienne.

Délégation des Loges maçonniques de Limoges.

4e GROUPE

Délégation du conseil général et des municipalités de l'Allier.

Délégation du conseil municipal de Wassy (Haute-Marne).

18

Délégation du conseil municipal de Chaumont (Haute-Marne).

Délégation du conseil municipal de Morlaix.

Délégation du conseil municipal de Ham.

Délégation du conseil municipal de Saint-Quentin.

Délégation du conseil municipal de Vaucresson.

Délégation du conseil municipal de Bernay (Seine-et-Marne).

Délégation de la municipalité de Grenoble.

Délégation des Français d'origine italienne et des Italiens habitant Moulins.

Délégation du conseil général et des municipalités des Basses-Alpes.

Délégation du conseil général des Vosges.

Délégation des municipalités de Langres et Vignory (Haute-Marne).

Délégation de la municipalité de Dieppe.

Délégation du conseil municipal de Château-Thierry.

Délégation du conseil général des Alpes-Maritimes.

Délégations du conseil municipal, de la chambre de commerce, de la Société d'agriculture et d'horticulture, etc., de la ville de Nice.

Délégation de la ville de Grasse.

Délégation de la chambre de commerce des Alpes-Maritimes.

Délégation du conseil municipal de Saumur.

Délégation de la municipalité de Langoiran (Gironde).

Délégation de la ville de Cannes.

Délégation des habitants de Bouilles.

Délégation de la municipalité de Valenciennes.

Délégation de l'Union artistique valenciennoise.

Délégation du conseil municipal de Moissac (Tarn-et-Garonne).

Délégation de la ville de Montmédy.

Délégation de la ville de Granville.

Délégation de la commune de Marcoussis.

Délégation du conseil municipal d'Avranches.

Délégation du conseil municipal d'Auxerre (Yonne).

Délégation du conseil municipal de Tonnerre (Yonne).

Délégation du conseil général de la Gironde.

Délégation de la municipalité de Bordeaux.

Délégation des postes et télégraphes des Bouches-du-Rhône.

Délégation de la ville de Montauban.

Délégation du conseil général de la Seine-Inférieure.

Délégation de la municipalité de Besançon.

Délégation du conseil municipal de Thury (Yonne).

Délégation de la ville de Castres (Tarn).

Délégation de la ville de Montbrison (Loire).

Délégation de la commune de Colombes (Seine).

Délégation du conseil municipal de Rouen.

Délégations des communes du département de la Manche : Saint-Lo, Cherbourg, Mortain, Valognes, Equeurdreville, Barneville.

Délégations des communes du département des Landes : Mont-de-Marsan, Dax, Labastide d'Armagnac, Biscarosse, Commensacq, Castaudet, Labouheyre, Morceux, Meilhan.

Délégation de la Société de secours mutuels de la manufacture nationale d'allumettes de Pantin-Aubervilliers.

Délégation de l'Union française de la jeunesse : Groupes de Paris, de Nancy, de Lille, et Association amicale des anciens élèves de l'Union.

Délégation de l'Union des femmes de France (groupe de Perpignan).

Délégation de la ville d'Arbois (Jura).

Voici la liste complète des délégations des communes du département de la Seine.

Alfortville, Arcueil, Asnières, Aubervilliers, Bagneux, Bagnolet, Bobigny, Bondy, Bonneuil, Boulogne, Le Bourget, Bry-sur-Marne, Champigny, Charenton, Châtenay, Châtillon, Chevilly, Choisy-le-Roi, Clamart, Clichy, Colombes, Courbevoie, La Courneuve, Créteil, Drancy, Dugny, Épinay, Fontenay-aux-Roses, Fontenay-sous-Bois, Fresnes, Gennevilliers, Gentilly, Ile-Saint-Denis, Issy-les-Moulineaux, Ivry, Joinville-le-Pont, Levallois-Perret, Les Lilas, Maisons-Alfort, Malakoff, Montreuil, Montrouge, Nanterre, Neuilly, Nogent-sur-Marne, Noisy-le-Sec, Pantin, Le Perreux, Pierrefitte, Plessis-Piquet, Pré-Saint-Gervais, Puteaux, Romainville, Rosny, Rungis, Saint-Denis, Saint-Mandé, Saint-Maur, Saint-Maurice, Saint-Ouen, Sceaux, Stains,

Suresnes, Vanves, Villejuif, Villemomble, Villetaneuse, Vincennes, Vitry.

Délégation du conseil municipal de Marly-le-Roi.

Délégation du conseil municipal de Bar-le-Duc.

Délégation du conseil municipal de Châlons-sur-Marne.

Délégation du conseil municipal d'Avesne (Nord).

Délégation du conseil municipal d'Annecy (Haute-Savoie).

Délégation du conseil municipal de Maubeuge.

Délégation du conseil général de la Sarthe.

Délégation du hameau de Plessis-Trévise (Seine-et-Oise).

Délégation de la Haute-Savoie.

Délégation de la municipalité de Brest.

Délégation de la municipalité de Romans.

Délégation de la municipalité de Pau.

Délégation de la municipalité de Baume-les-Dames.

Délégation de la municipalité d'Auch (Gers).

Délégation de la municipalité de Marseille.

Délégation de la Ligue de la mutualité méridionale.

Délégation de l'Algérie.

Délégation du Consistoire israélite d'Alger.

Délégation des défenseurs près le tribunal civil d'Alger.

Délégation de la municipalité de Nantes.

Délégation de la ville de Flers.

Délégation de la ville de Calais.

Délégation de la ville de Reims.

Délégation du conseil général de l'Orne.

Délégation de la ville de Saint-Omer.

Délégation de la ville de Barbezieux.

Délégation de l'université de Montpellier.

Délégation du département de l'Aube.

Délégation de la ville d'Épinal.

Délégation de la ville de Brives.

Délégation du département d'Ille-et-Vilaine.

Délégation de la ville de Nevers.

Délégation de la ville de Cognac.

Délégation de la ville de Blois.

Délégation de la ville de Toulouse.

Délégation des communes de la Charente.

Délégation de la ville de Biarritz.

Délégation des dames du Puy-en-Velay.

Délégation de la ville de Laval.

Délégation de la ville de Carpentras.

Délégation de la *Dépêche* de Toulouse.

Délégation de la ville de Laon.

Délégation de la ville de Digne.

Délégation de la ville de Belfort.

Délégation de la ville de Honfleur.

Délégation de la ville de Saint-Brieuc.

Délégation de la ville de Verneuil.

Délégation de la ville de Louviers.

Délégation de la ville de Nîmes.

Délégation de la ville de Châteauroux.

Délégation de la ville de Buzançais.

Délégation de la ville de Saint-Marcel.

Délégation de la ville de Tencin.

Délégation de la ville de Saint-Étienne.

Délégation de la ville de Roanne.

Délégation de la ville de Nancy.

Délégation de la ville de Châtillon.

Délégation de la ville de Roubaix.

Délégation de la ville de Vimoutiers.

Délégation de la ville de la Ferté-Macé.

Délégation de la ville de Beauvais.

Délégation de la ville de Boulogne-sur-Mer.

Délégation de la ville de Toulon.

Délégation du conseil général de la Charente-Inférieure.

Délégation du conseil municipal de Rochefort.

Délégation du syndicat des entrepreneurs des travaux publics de France.

Délégation du personnel de la manufacture des tabacs de Pantin.

Délégation de la ville de Châtellerault.

Délégation du conseil municipal de Corbeil.

Délégation du conseil municipal de Dourdan (Seine-et-Oise).

Délégation du conseil municipal de Chalon-sur-Saône.

Délégation du conseil général de Seine-et-Oise.

Délégation du conseil municipal de Versailles.

Délégation du conseil général de la Creuse.

Délégation de la société de secours mutuels de l'imprimerie Paul Dupont.

Délégation de la ville de Clermont-Ferrand.

Délégation de la ville du Mans.
Délégation de la ville de Chambéry.
Délégation de la ville d'Epouville.
Délégation de la ville de Lagny.
Délégation de la ville de Nangis.
Délégation de la ville de Fontaine-bleau.
Délégation de la ville de Maisons-Laffitte.
Délégation de la ville de Saint-Germain-en-Laye.
Délégation de la ville de Chatou.
Délégations de la ville d'Amiens.
Délégation de la ville de la Roche-sur-Yon.
Délégation de la ville de la Seyne.
Délégation de la ville de Lésignan.
Délégation de la ville d'Alger.
Délégation de la Haute-Garonne.
Délégation de la ville de Tours.
Délégation du conseil général d'Indre-et-Loire.
Délégation de la ville de Nazelles.
Délégation du département de la Meuse.
Délégation du département de la Sarthe.
Délégation de la ville de Saint-Nazaire.

5º GROUPE

Délégation de la colonie de Tunis.
Délégation de la chambre de commerce de Tunis.
Délégation des communautés israélites de Tunisie.
Délégation de la chambre d'agriculture de Tunisie.
Délégation du syndicat des viticulteurs de Tunisie.
Délégation du syndicat agricole des colons français de Tunis.
Délégation des sociétés françaises de Tunisie.
Délégation de la colonie française du Caire.
Le cheick Abou-Nadarra (d'Alexandrie)
Délégation de la colonie française de San-Francisco.
Délégation de la ville de Bizerte.
Délégation de la chambre de commerce de Bizerte.
Délégation de la presse égyptienne d'Alexandrie.
Délégation des Français d'Haïti.
Délégation de la colonie française de Québec.
Délégation de la colonie française de Montréal.
Délégation du consulat de la Havane à Paris.

Délégation de la colonie française de Montevideo.

6º GROUPE

Délégation du journal *le Siècle*.
Délégation du journal *le Radical*.
Délégation du journal *le Soir*.
Délégation du journal *le Jour*.
Délégation du journal *le Petit Parisien*.
Délégation du journal *le Journal*.
Délégation des journaux des vingt arrondissements de Paris.
Délégation du journal *le Courrier de Saint-Maur*.
J. Manassewitch Manoniloff, rédacteur aux *Novosti*.
Délégation du syndicat de la presse parisienne.
Délégation du syndicat des journalistes républicains.
Délégation du syndicat des journalistes parisiens.
Délégation du syndicat de la presse départementale.
Délégation du syndicat de la presse municipale.
Délégation du syndicat de la presse étrangère.
Délégation de la presse parlementaire.
Délégation de la presse judiciaire.
Délégation de la presse des voyages présidentiels.

Délégation du corps des ponts et chaussées.
Délégation de la Société des conducteurs, contrôleurs et commis des ponts et chaussées et des mines.
Délégation des chemins de fer.

7º GROUPE

Délégation de la Société des artistes français.
Délégation de la Société nationale des beaux-arts.
Délégation de la Société des artistes indépendants.
Délégation de l'Académie nationale de musique.

8º GROUPE

Délégation du Muséum d'histoire naturelle.
Délégation de l'École normale supérieure.
Délégation de l'École des ponts et chaussées.
Délégation de l'École des mines.

Délégation de l'École centrale des arts et manufactures.

Délégation de l'École des beaux-arts.

Délégation de l'Institut national agronomique.

Délégation de la Société des ingénieurs civils.

Délégation de la Société des études historiques.

Délégation de l'École vétérinaire d'Alfort.

Délégation de l'École nationale d'agriculture de Grand-Jouan.

Délégation des anciens élèves de l'École polytechnique.

Délégation des anciens élèves de l'École des sciences politiques.

Délégation de la Société pour l'instruction élémentaire.

Délégation de l'Union de la jeunesse républicaine.

Délégation de l'Institut commercial à Paris.

Délégation de l'Union amicale des anciens élèves de l'École supérieure de commerce.

Délégation de l'École de Grignon.

Délégation de l'Union chrétienne des jeunes gens de Paris.

Délégation de l'Institut populaire du progrès.

Délégation de l'École des hautes études commerciales.

Délégation de la société nationale des conférences populaires.

Délégation de l'Association amicale des anciens élèves du collège Chaptal.

Délégation du lycée Condorcet.

Délégation de l'École Monge.

Délégation de l'Association philotechnique.

Délégation de l'Association polytechnique.

Délégation du collège Sainte-Barbe.

Délégation de la Société de topographie de France.

Délégations des écoles municipales Turgot, Colbert, Jean-Baptiste-Say et Arago.

Délégation de l'Académie d'aérostation météorologique.

9ᵉ GROUPE

Délégation de l'Association générale des étudiants.

Délégation des étudiants bulgares.

Délégation des étudiants de Montpellier.

10ᵉ GROUPE

Délégation de l'Association fraternelle des anciens officiers des armées de terre et de mer.

Délégation de l'Association fraternelle des Criméens.

Délégation de l'Association tonkinoise.

Délégation des Sociétés de sapeurs-pompiers.

Délégation des blessés de février 1848.

Délégation des anciens militaires coloniaux de Paris, Poitiers, Mantes, Sannois, Meaux, Calais, Amiens, Coucy-le-Château, Reims.

Délégation de la Société des ex-militaires.

Délégation des anciens combattants de Gravelotte.

Délégation des défenseurs de 1870-1871 d'Asnières.

Délégation de la Fédération des combattants de 1870.

Délégation des vétérans des armées de terre et de mer.

Délégation de l'Association amicale des anciens chasseurs à pied.

Délégation des défenseurs de Châteaudun.

Délégation de la Société patriotique des anciens militaires de la marine.

Délégation des légionnaires du Rhône.

Délégation de la Société des volontaires de 1870-1871.

Délégation de la Société du souvenir français.

Délégation de l'Association des anciens militaires ayant quatorze années de services non retraités.

Délégation de l'Union des officiers et sous-officiers de sapeurs-pompiers d'Eure-et-Loir.

Délégation de l'Union des patriotes de Roubaix.

Délégation de l'Association des anciens sous-officiers résidant à Paris et dans les départements de la Seine et de Seine-et-Oise.

11ᵉ GROUPE

Délégation du syndicat de l'alimentation.

Délégation de la Société anonyme des habitations ouvrières de Passy-Auteuil.

Délégation de la chambre syndicale de la boucherie de Paris et de la banlieue.

Délégation de la chambre syndicale des ouvriers de la boucherie.

Délégation de la chambre consultative des associations ouvrières de production.

Délégation de l'Union syndicale des débitants de vins de Paris et de la banlieue.

Délégation du syndicat des employés de bourse et de banque.

Délégation des forains.

Délégation des Compagnons du Tour de France.

Délégation de la fédération des ouvriers et ouvrières de la manufacture des tabacs.

Délégation de la Société amicale des employés de la Bourse.

Délégation de l'Union des fleurs et plumes.

Délégation des Compagnons boulangers du Devoir.

Délégation de l'Union syndicale des batteurs d'or.

Délégation du Crédit foncier.

Délégation du Comptoir national d'escompte.

Délégation du Crédit lyonnais.

Délégation des magasins du Bon Marché.

Délégation des Halles centrales.

Délégation de l'Association des employés de chemins de fer.

Délégation du syndicat des chapeliers.

Délégation de la Société nationale d'horticulture.

Délégation des exposants français d'Anvers.

Délégation des employés de la Bourse du commerce.

Délégation du syndicat de la boulangerie de Paris.

Délégation des ateliers des chemins de fer Paris-Lyon-Méditerranée à Oullins (Rhône).

Délégation de la Fédération générale des mécaniciens de France.

Délégation de l'Union syndicale des cochers.

Délégation de la chambre de commerce de Calais.

Délégation de la chambre syndicale des tulles et dentelles de Calais.

Délégation de la Société française d'encouragement.

Délégation de la chambre syndicale des facteurs et commissionnaires des halles.

Délégation des ateliers de la compagnie des chemins de fer du Midi (Bordeaux).

Délégation des magasins de la place Clichy.

Délégation de la maison Fabre et Rouët.

Délégation de commerçants en orfèvrerie.

Délégation des Compagnons charpentiers du Devoir.

Délégation de la Belle-Jardinière.

Délégation de la maison Mercier (Épernay).

Délégation de la Ligue syndicale pour la défense des intérêts du travail.

Délégation du syndicat des négociants du Palais-Royal.

Délégation de la Bourse de Paris.

Délégation des magasins du Printemps.

Délégation des ouvriers de l'Imprimerie nationale.

Délégation de l'Académie de cuisine.

Délégation de la Coopération libre des armées de terre et de mer.

Délégation des Forges et chantiers de la Méditerranée.

Délégation des magasins du Louvre.

Délégation des Dames du marché du Temple.

12ᵉ GROUPE

Délégation de la Société nationale des sauveteurs.

Délégation de la Ligue nationale de l'éducation physique.

Délégation du bataillon Chanzy (quatorze sociétés de gymnastique).

Délégation de la Société de gymnastique et de tir de Limoges.

Délégation de la Société d'instruction militaire *Pro Patria*.

Délégation de l'Union vélocipédique de France.

Délégation de la Compagnie des francs-archers.

Délégation de l'Union nationale des sociétés de tir de France.

Délégation des Volontaires de Joinville-Champigny.

Délégation de la Société parisienne de sauvetage.

Délégation de la manufacture d'armes de Puteaux.

Délégation des sapeurs-pompiers de Puteaux.

Délégation des sapeurs-pompiers de Nanterre.

Délégation de la société « la Cité ».

Délégation des Volontaires de Normandie.

Délégation de la Société « la Bretonne ».

Délégation de la Société de tir du 12e arrondissement.

Délégation de la Société de la « Défense de Janvry » (Marne).

Délégation de la Société des « Volontaires d'Issy ».

Délégation de la Société « Garde à Vous ».

Délégation de la Société « la Sentinelle du 17e arrondissement ».

Délégation de la Société « la Martiale ».

Délégation de la Société « les Patriotes de Sceaux ».

Délégation de la Société « les Amis réunis de Choisy ».

Délégation de la « Société de Nogent ».

Délégation de la « Société de Choisy-le-Grand ».

Délégation de la Société « la Française de Paris ».

Délégation de la Société « la Bellevilloise ».

Délégation de la Société « les Touristes lyonnais ».

Délégation de la Société d'instruction militaire.

Délégation de la Société de gymnastique de Longjumeau.

Délégation de la Société « la Patriote (Asnières) ».

Délégation de la Société « la Régénératrice (Asnières) ».

Délégation de la Société « l'Association de Seine-et-Oise ».

Délégation de la Société « l'Union des volontaires du 5e arrondissement ».

Délégation de la Société de l'association des sociétés de gymnastique de la Seine.

Délégation des sapeurs-pompiers de Nogent-sur-Marne.

Délégation des sapeurs-pompiers de Pantin.

Délégation de la Société de gymnastique de Bagnolet.

13e GROUPE

Comte Jasienski, ami de la famille.

Délégation arménienne.

Délégation luxembourgeoise.

Délégation des États-Unis.

Délégation de la colonie française et du consulat de Milan.

Délégation de la colonie austro-hongroise.

Délégation d'Anvers (résidents français).

Délégation de la colonie hellénique.

Délégation de la colonie anglaise.

Délégation de la colonie française du Chili.

Délégation des Sokols (Tchèques).

Délégation de l'Union belge.

Délégation de la colonie française de Bâle.

Délégation de la colonie française de New-York.

Délégation du Chili.

Délégation de la Ligue franco-italienne.

Délégation de la colonie néerlandaise.

Délégation de la colonie française de Montevideo.

Délégation de l'exposition d'Anvers.

Délégation de la Ligue du Vénézuéla.

Délégation de la chambre de commerce française de Bruxelles.

Délégation de la colonie française de Mexico.

Délégation de la colonie française de Rio.

Délégation des patriotes et commerçants de la maison Vaxelaire de Bruxelles.

Délégation de l'Amérique du Nord (États-Unis).

Délégation du *Galignani's Messenger*.

Délégation de la ville d'Anvers.

14e GROUPE

Délégation du Grand-Orient de France.

Délégation de la Loge bordelaise.

Délégation de la franc-maçonnerie de Rome.

15e GROUPE

Délégation du comité républicain du 5e arrondissement (1re et 2e circonscriptions).

Délégation du comité républicain radical indépendant du 9e arrondissement.

Délégation du comité de l'Union républicaine de la 1re circonscription du 9e arrondissement.

Délégation du comité républicain socialiste du quartier de la Santé.

Délégation du comité républicain progressiste du 1er arrondissement.

Délégation du comité républicain

démocratique de la Porte-Saint-Martin (10ᵉ arrondissement).

Délégation du comité républicain du quartier du faubourg Montmartre.

Délégation du groupe républicain radical socialiste du 14ᵉ arrondissement (1ʳᵉ circonscription).

Délégation du comité républicain progressiste antirévolutionnaire de Saint-Denis.

Délégation des comités républicains cantonaux de Pont-Audemer.

Délégation de la Ligue républicaine de Roubaix.

Délégation des républicains de Carmaux.

Délégation du comité républicain de Saint-Mandé.

Délégation du Cercle de l'Aube.

Délégation des républicains bigourdans.

Délégation de la Société amicale des Hautes-Pyrénées.

Délégation du Cercle républicain de la Haute-Marne.

Délégation des steeple-chases de France.

Délégation de la Solidarité républicaine du 10ᵉ arrondissement.

Délégation du comité républicain du 14ᵉ arrondissement (1ʳᵉ circonscription).

Délégation de l'Union républicaine de la Plaine-Monceau.

Délégation de l'Union des groupes républicains socialistes de Saint-Denis.

Délégation du comité républicain progressiste de la Chapelle.

Délégation de l'Union des sociétés de Bondy.

Délégation des comités de la Plaine-Monceau et leur député.

Délégation des républicains des Ternes et leur député.

Délégation du comité républicain du quartier de Saint-Vincent-de-Paul.

Délégation du Cercle républicain de l'Yonne.

16ᵉ GROUPE

Délégation de la Société municipale de secours mutuels du 17ᵉ arrondissement.

Délégation de la Société de secours mutuels des agents d'assurances.

Délégation de la Société de secours mutuels des afficheurs parisiens.

Délégation de la Ligue nationale de la prévoyance et de la mutualité.

Délégation de la Société de secours mutuels « les Frères d'Israël ».

Délégation de la Société de secours mutuels du ministère de l'intérieur.

Délégation de la Société de secours mutuels « la France prévoyante ».

Délégation de la Société de secours aux militaires du Tonkin.

Délégation de l'Association fraternelle des ouvriers et employés de chemins de fer.

Délégation de la Société la Mutuelle du Sou (Voyageurs de commerce).

Délégation des Sociétés alsaciennes-lorraines de Paris.

Délégation de la Société de secours mutuels des postes.

Délégation de l'Union des ambulanciers volontaires.

Délégation de la Crèche laïque du 3ᵉ arrondissement.

Délégation de la Société de secours mutuels des artistes dramatiques.

Délégation de la Société de secours mutuels des ex-sapeurs-pompiers de Paris.

Délégation de la Société de secours mutuels et de prévoyance de la boucherie de Paris.

Délégation de la Société de secours mutuels des chauffeurs et conducteurs mécaniciens du département de la Seine « l'Amitié ».

Délégation de la Société de protection mutuelle des voyageurs de commerce.

Délégation de la Société de secours mutuels des correcteurs typographes de Paris.

Délégation de la Société de secours mutuels des Enfants de Japhet.

Délégation de la Société de secours mutuels de l'Hôtel de Ville.

Délégation de la Société de secours mutuels des parfumeuses de Levallois.

Délégation de la Société de secours mutuels de l'Union fraternelle de Menessaire (Côte-d'Or).

Délégation de la Société de secours mutuels de l'Union des Deux-Charentes.

Délégation de la Société fraternelle des Enfants de la Côte-d'Or.

Délégation de la Société nationale de sauvetage.

Délégation de la Société des sauveteurs de la Marne.

Délégation de la Société française de sauvetage.

Délégation de la Société des sauveteurs médaillés.

Délégation de la Société de secours mutuels de Rambouillet.

Délégation de la Société « les Sauveteurs du dernier adieu ».
Délégation de la Société des sauveteurs de la marine.
Délégation de la Société des sauveteurs de la Seine.
Délégation de la Société amicale des sauveteurs.
Délégation de la Société des hospitaliers sauveteurs de France.
Délégation de la Société française de bienfaisance de New-York.

17° GROUPE

La Fanfare « la Jeune France ».
L'Harmonie industrielle.
La Tricolore (Société de Trompettes).
Les Enfants de Lutèce (Société chorale).
Les Francs-Amis.
L'Harmonie du Panthéon.
Les Trompettes du 11ᵉ arrondissement.

Fédération des Sociétés musicales de France.

18° GROUPE

Délégation de la Fédération des sociétés nautiques parisiennes.
Délégation de la société « les Rosati ».
Délégation de la Société protectrice des animaux.
Délégation du personnel du service des chasses présidentielles.
Délégation du Touring-Club de France.
Délégation de la Société nationale du Canal des Deux-Mers.
Délégation de la Société « la Conférence la Bruyère ».
Délégation des Français résidant à Verviers (Belgique).
Délégation de l'Association universelle (Académie des Palmiers).
Délégation d'un groupe de commerçants de la rue de Cléry.

TABLE DES GRAVURES

TABLE DES MATIÈRES

CHAPITRE IX

CHAPITRE X

CHAPITRE XI

CHAPITRE XII

CHAPITRE XIII

CHAPITRE XIV

CHAPITRE XV

CHAPITRE XVI

CHAPITRE XVII

APPENDICE

Paris. — Imp. A. Picard et Kaan, 192, rue de Tolbiac. 599. II. E.